토지에
숨겨진 이야기

토지에
숨겨진 이야기

2022년 11월 15일 초판 1쇄 발행
2023년 5월 11일 초판 2쇄 발행

글 | 전강수

펴낸이 | 김완중
펴낸곳 | 내일을여는책

책임편집 | 김세라
디자인 | 박정화
선전본부장 | 김휘승
관리 | 장수댁
인쇄 | 아주프린텍
제책 | 바다제책

출판등록 | 1993년 01월 06일(등록번호 제475 - 9301)
주소 | 전라북도 장수군 장수읍 송학로 93 - 9(19호)
전화 | 063) 353 - 2289
팩스 | 063) 353 - 2290
전자우편 | wan - doll@hanmail.net
블로그 | blog.naver.com/dddoll

ISBN | 978-89-7746-990-7 43300

부동산 불로소득, 이대로 괜찮을까?

토지에
숨겨진 이야기

| 글 전강수 |

내일을여는책

지난 몇 년 동안 한국에서는 '미친 바람'이라고 불리는 경제 현상이 온 나라를 휩쓸었습니다. 바로 부동산 투기 바람입니다. 투기 열풍 또는 투기 광풍이라고 부르기도 하지요. 2017년 이후 5년 동안 문재인 정부는 투기를 잠재우고자 28차례나 부동산 대책을 발표하며 갖은 노력을 다했지만, 별 효과는 없었습니다. 서울과 수도권의 집값은 역대 정부 최고로 올랐고, 한 지역의 집값을 잡으려 하면 다른 지역으로 투기가 번지는 이른바 '풍선효과'는 역대 정부 최다를 기록했습니다. 제20대 대통령 선거(2022년 3월)에서 더불어민주당이 패배한 것도 문재인 정부가 부동산 정책에 실패한 탓이 큽니다.

부동산 투기가 심각했던 만큼 그것을 잠재울 방안도 여기저기서 쏟아져나왔습니다. 논쟁도 벌어졌고 정부 정책에 대한 비판도 이어졌지요. 그 와중에 경제학자 한 명의 이름이 같이 거론되어 관심을 끌었습니다. 19세기 후반 미국에서 활동했던 헨리 조지Henry George, 1839~1897입니다. 그는 한국에서 토지공개념의 원조로 알려진 인물입니다. 주로 문재인 정부 부동산 정책을 비판하는 사람들이 헨리 조지를 들먹였는데, 이유는, 시장을 무시하고 규제를 중시하며 사회주의식으로 토지를 몰수하자고 주장한 그의 사상을 문재인 정부가 추종한다는 것이었습니다. 이는 전형적인 '가짜뉴스'입니다. 문재인 정부는 헨리 조지가 주장한 방식대로 정책을 추진하지도 않았고, 헨리 조지는 시장을 무시한 사회주의 사상가도 아니었기 때문입니다.

자기 마음에 안 들거나 자신의 이익을 침해할 것 같은 견해나 정책에 대해 색깔론으로 공격하는 것은 한국 사회 일부 인사들의 고질병이지만, 그래도 그렇지, 헨리 조지를 사회주의자로 매도하는 것은 정말 터무니없습니다. '가짜뉴스'에서 이야기하는 것과 달리, 헨리 조지는 개인의 자유와 시장원리를 존중하는 진짜 시장주의자였습니다. 외국 학계에서 그는 최대자유주의Libertarianism 계열로 분류됩니다. 그는 정부가 무역에 개입하는 보호무역주의에 반대했고, 경제활동을 위축시키는 각종 조세를 없애자고 주장했으며, 모든 사람이 노력한 만큼 대가를 받을 수 있도록 시장원리를 확고하게 세우자는 견해를 펼쳤습니다. 헨리 조지는 정부 규제를 강조하거나 사회주의식으로 토지를 몰수하자고 주장한 적도 없습니다. 다만, 불로소득을 발생시켜 시장의 작동을 방해하는 행위에 세금을 무겁게 매기자는 주장을 했을 뿐입니다.

제대로 작동하는 건강한 자본주의 시장경제에서 소득이나 이익을 얻으려면 그에 상응하는 대가나 비용을 치르는 것이 원칙입니다. 이런 사회에서 부자가 되려면 열심히 땀을 흘리고 절제할 수밖에 없지요. 부자가 되려는 사람들에게 땀과 절제를 요구하는 것은 자본주의 시장경제의 강점이자 경제성장의 동력입니다. 그런데 대가나 비용을 치르지 않고도 소득과 이익을 얻을 기회가 생긴다면 어떻게 될까요? 처음에 그런 기회를 잡는 이들은 운이 좋거나 다른 사람에 비해 민첩한 사람들이겠지요. 이들이 그 기회를 이용해 이익을 얻었다는 사실이 알려지면, 점차 다른 사람들도 땀 흘리고 절제하는 일을 그만두고 그들의 뒤를 따라갑니다. 불로소득을 얻는 행위를 제도적으로 옹호하면 사회 전반에 이런 일이 만연합니다.

불로소득에 세금을 무겁게 매기자고 했던 헨리 조지의 주장은 시장을 시장답게, 자본주의를 자본주의답게 만들자는 주장의 다른 표현에 지나지 않습니다. 물론 토지와 특권 등 불로소득의 원천에 세금을 무겁게 매기면 기득권을 침해당하는 사람들이 나오겠지요. 하지만 전체 국민 가운데 소수에 불과한 사람들의 '부당한 이익'을 지켜주기 위해 시장원리 회복하기를 주저해서야 되겠습니까? 더욱이 그들이 이익을 누리는 동안 다수 국민은 불평등과 빈곤에 허덕이게 된다는 점을 생각하면 더더욱 주저해서는 안 됩니다. 헨리 조지 사상을 사회주의라고 매도하는 사람들은 대개 토지와 특권을 가지고 불로소득을 누리고 있는 사람들이거나 그들의 지원을 받는 사람들일 가능성이 큽니다.

지금까지 헨리 조지의 책은 여러 권 번역되었고 그의 이론을 다룬 연구 성과도 많이 나왔습니다. 하지만 헨리 조지의 책에는 일반 시민이 혼자 읽고 소화하기에는 어려운 내용이 들어있습니다. 특히 『진보와 빈곤』Progress and Poverty은 앞부분이 어려워서 책을 펼쳤다가 금방 포기하는 독자들이 적지 않습니다. 그래서 저는 헨리 조지의 이론을 이해하기 쉽도록 해설하는 책이 필요하다고 생각하고 있었습니다. 특히 한국처럼 부동산 문제에 관해 잘못된 견해와 '가짜뉴스'가 판치는 곳에서는 일반 시민이 그의 이론에 쉽게 접근할 필요가 있다고 생각하기도 했습니다.

그러던 차에 '내일을여는책'으로부터 책 집필을 요청받았습니다. 당시 여러 가지 일로 너무 바쁜 상황이라 요청을 거절해야겠다고 마음을 먹었었는데, 깜빡하고 거절 이메일을 보내지 않고 있었습니다. 시간이 한참 흐른 후에 수락 여부를 확인하는 전화를 받고는 너무 미안해서 원고 집필을 수락했습니다. 그 후 김완중 대표는 저를 만나러 전라북도 장수에서 경상북도 하양까지 직접 오셨습니다. 저자를 단지 계약관계로만 보지 않겠다는 의지의 표현이었지요. 김 대표를 만나서 이야기를 나누는 동안 저는 그가 얼마나 귀한 사명감을 품고 출판업을 하고 있는지 확인할 수 있었습니다. 그래서 그전에 써놓았던 원고를 그에게 맡겼고, 그 원고는 『세상을 고치는 경제 의사들』이라는 제목으로 출간되었습니다.

이 책은 제가 '내일을여는책'에서 출간하는 두 번째 책입니다. 주요 대상은 청소년이지만 평소 헨리 조지 사상에 관심이 있던 일반 시민에게도 도움이 되지 않을까 생각합니다. 이 책을 통해 '건물주가 꿈'이라는 생각을 단호히 거부하고 나라를 정의롭게, 이웃을 행복하게 만들고자 다짐하는 청소년들이 나온다면 더 바랄 것이 없겠습니다. 이 책의 내용 중에는 이미 발표한 글을 독자의 성격에 맞게 대폭 수정·보완한 부분도 있습니다. 그 내역은 책 마지막 부분에 밝혀두었습니다.

김세라 실장은 『세상을 고치는 경제 의사들』 출간 때 보여주었던 편집 실력을 이번에도 유감없이 발휘했습니다. '명장 밑에 약졸 없다'(뛰어난 리더 아래 시원찮은 부하는 없다는 뜻)라는 옛말이 옳다는 것을 입증하는 사례입니다. 김완중 대표와 김세라 실장의 노고에 깊이 감사드립니다. 집필이 지지부진해서 답답할 때마다 항상 기도와 따뜻한 말로 지원하고 격려하던 제 아내와 아이들은 이번에도 변함없이 저를 지지하고 격려해주었습니다. 특히 첫째 딸 채경이는 직접 원고를 꼼꼼히 읽고 수정에 필요한 조언을 해주었습니다. 덕분에 책이 좀 더 읽기 편한 내용으로 업그레이드되었다고 생각합니다. 아내와 아이들에게 사랑과 감사의 마음을 전합니다.

2022년 11월 전강수

1부

토지와 부동산에 관한 5가지 질문

1장

인간에게 땅이란?

이 세상에서 땅이 없이 살 수 있는 사람이 있을까요? 단 한 명도 없을 겁니다. 매일매일 일하는 것도, 잠자는 것도, 여행하는 것도, 휴가를 즐기는 것도 전부 땅 위에서 이루어집니다. 아기가 누워서 옹알이할 때도, 어린아이가 놀이터에서 뛰어놀 때도, 학생이 학교에서 수업을 들을 때도, 주부가 집에서 식사를 준비할 때도, 직장인들이 퇴근 후에 동료들과 술 한잔할 때도 항상 땅이 밑에서 그들을 떠받치고 있습니다. 약간 학문적인 말로 표현하면 땅은 생활의 터전이자 중요한 생산요소입니다.

어떤 사람은 말합니다. '나는 땅 한 평 없어도 잘 살아!' 이 말은 무슨 뜻일까요? 땅을 이용하지 않고도 얼마든지 살아갈 수 있다는 이야기일까요? 아닙니다! 이 말 가운데 '땅 한 평 없어도'라는 구절의 정확한 의미는 '땅 한 평 소유하지 않아도'입니다. 물론 땅을 '소유'하지 않아도 살수는 있지요. 하지만 땅을 '이용'하지 않고 살 수 있는 사람은 아무도 없습니다. 땅을 이용하지 않고 살 수 있는 존재라고 하면 하늘을 날아다니는 슈퍼맨을 떠올릴지 모르겠습니다. 그러나 슈퍼맨도 하늘을 날다가는 내려와서 걸어 다니고, 잠을 자고, 일도 하지 않습니까?

또 어떤 사람은 생산요소라는 점에 초점을 맞춰, 토지는 과거 농경사회에서나 중요했을 뿐 현대 사회에서는 별로 중요하지 않다고 주장합니다. 그럴듯하게 들리지만, 토지가 노동의 대상일 뿐만 아니라 노동의 환경으로서도 중요한 역할을 한다는 사실을 간과한 주장입니다. 농경사회에서 현대 상공업사회로 넘어오면서 토지의 중요성이 정말 줄어들었을까요? 아니요! 정확히 말해 토지의 역할이 바뀌었지요. 농업생산에서는 토지가 얼마나 기름진 땅인지를 나타내는 비옥도, 즉 자연적 생산성이 중요하지만, 공업용지나 상업용지의 경우 비옥도는 별 의미가 없고 '위치'가 중요합니다. 그래서 농경사회에서는 비옥도가 높은 땅이 비싸지만, 현대 사회에서는 위치가 좋은 땅이 비쌉니다. 오늘날 미국 뉴욕 맨해튼이나 영국 런던 시내, 서울 청담동과 같은 대도시 중심지의 가격은 상상을 초월할 정도입니다. 시장경제에서는 가격이 상품의 가치를 드러내지요. 그렇다면 과거에 비해 토지의 중요성은 줄어들기는커녕 오히려 눈에 띄게 증가했다고 해야 합니다.

인류 역사 내내 토지는 인간에게 없어서는 안 되는 물건이었지만, 옛날 옛적, 사람 수에 비해 토지가 풍족했을 때는 문제가 없었습니다. 누구든 원하는 토지를 마음껏 '이용'할 수 있었기 때문에, 토지는 공짜였지요. 그러니 아무도 토지를 군이 '소유'하려고 하지 않았습니다. 하지만 사람 수가 점점 늘어나고 좋은 토지가 부족해지면서 문제가 생기기 시작했습니다. 좋은 토지를 이용하려는 사람이 늘어나자 이를 확보하려는 경쟁이 벌어진 것이지요. 토지 이용에서 유리한 위치를 차지하는 가장 좋은 방법은 아예 토지를 소유하는 것이었습니다. 마침내 토지에 사적 소유권을 인정하는 제도, 즉 토지사유제가 도입되기에 이릅니다. 이 제도 아래에서 토지 소유권을 가지면 토지 이용에서 유리해질 뿐만 아니라 지대地代(토지 사용의 대가로 받는 금품)와 지가 차액 등 토지소득을 얻는다는 사실까지 드러나면서 사람들은 치열한 토지 쟁탈전을 벌입니다.

애초에 토지 소유권을 차지한 사람들은 대개 권력과 무력을 가진 자들이었습니다. 모두가 토지를 공동으로 소유했던 원시공산제가 무너지고 계급사회가 출현하던 무렵, 귀족 지배층으로 올라선 사람들은 전투 능력을 지닌 전사戰士들이었습니다. 그들은 공동체를 지키면서 희생을 치른 대가로 땅을 차지했습니다. 이른바 지주적 전사地主的 戰士가 출현한 것입니다. 인류 역사를 통틀어 한 민족이 영토를 확보하는 데는 대개 무력이 동원되었습니다. 또한, 영토를 사회구성원들에게 분배하는 데도 정치적 힘의 논리가 결정적이었습니다. 토지 소유권의 기원은 개인의 근면이나 저축이 아니라 강탈과 강점이었던 것입니다. 토지 소유권이 성립한 이후, 형태는 다양하지만, 세계 여러 곳에서 사회 지배층은 곧 지주층이었습니다.

토지사유제가 성립하면, 사람들은 토지를 일반 재산과 똑같이 취급합니다. 그 결과, 토지는 소유의 대상이 될 뿐만 아니라 시장에서 거래되고 가격이 붙지요. 토지가 거래되고 가격이 붙으면, 또 그 상태가 오랜 세월에 걸쳐 지속하면, 토지 소유권의 정당성이 점점 강화되는 것처럼 보입니다. 시장경제가 고도로 발달한 현대 사회에서는 국가가 특별히 토지의 공공성을 구현하는 제도를 도입하지 않는 한, 사람들은 토지와 일반 재산 간의 차이점을 거의 의식하지 못합니다.

▍토지는 어떤 물건일까?

그러나 조금만 시간을 들여 따져 보면, 토지는 인간이 만드는 상품이나 일반 재산과 전혀 다른 물건임을 확인할 수 있습니다. 토지가 어떤 특수성을 갖는지 알아볼까요?

첫째, 토지는 사람이 만든 물건이 아니고 천부 자원입니다. 일반 상품이나 재산은 대부분 사람이 노력해서 만든 것이지만, 토지는 인류에게 거저 주어졌을 뿐입니다. 토지는 더 필요하다고 해서 새로 만들 수도 없습니다. 새로 만들 수 있다면 땅 한 평에 수억 원씩 하는 일은 일어나지 않았겠지요. 인간은 바다를 간척해서 토지를 만들 수 있다고 말하는 사람도 있을 것입니다. 그러나 이는 바다라는 형태의 토지가 땅이라는 형태의 토지로 모습만 바뀐 것일 뿐, 토지가 새로 만들어진 것은 아닙니다. 게다가 바다를 간척하는 것조차도 쉬운 일은 아닙니다.

거저 주어진 자원을 받은 사회구성원들은 그것을 어떻

게 취급해야 할까요? 힘센 사람이 많이 차지하고 힘없는 사람은 적게 차지해도 될까요? 한 가정에서 부모님이 외출하면서 세 자녀에게 3만 원을 주며 저녁 식사를 사이좋게 해결하라 했다고 칩시다. 이 돈을 힘이 가장 센 첫째가 혼자 꿀꺽한다면 온당한 일일까요? 부모님의 사랑에 치우침이 없다고 가정한다면, 3만 원을 한 사람이 독차지하는 것은 그 돈을 주면서 부모님이 했을 생각과 완전히 어긋나는 일입니다. 첫째가 배를 채우는 모습을 두 동생이 쫄쫄 굶으면서 구경만 했다는 사실을 알았을 때 부모님 마음은 어땠을까요?

토지를 만든 창조주가 존재한다고 합시다. 창조주는 자신이 만든 토지를 인류가 어떻게 취급하기를 원할까요? 창조주는 힘센 사람이 많이 차지하고 힘없는 사람은 갖지 못하게 된 상황을 기뻐할까요? 그런 상황이 벌어진다면, 3만 원을 주면서 동생들과 사이좋게 저녁을 해결하라고 했던 부모님이 자신들의 기대에 어긋나는 상황을 보면서 느낄 감정과 비슷한 감정을 느끼지 않을까요?

창조주에 대한 정보를 많이 담고 있는 성경에서는 '토지는 하느님의 것'이라고 선언합니다. 인간은 잠시 지나가는 나그네이니 땅을 자기 것인 양 여기며 사적 이익을 추구하지 말라고 합니다. 토지에 관한 성경의 주장을 한마디로 요약하면, 모든 사람에게 평등지권平等地權을 보장하라는 것입니다. 평등지권이란 토지에 대한 평등한 권리를 뜻합니다. 고대 이스라엘 백성이 가나안 땅을 정복할 때 지파별·가족별로 토지를 공평하게 분배하게 했다는 이야기, 이웃의 토지를 빼앗는 자는 '저주를 받을 것'이라며 엄중하게 경고한 이야기, 희년禧年(이스라엘에서 50년마다 공포되었던 해방의 해)제도를 두어 50년마다 토지분배 상태를 원 상태로 되돌리도록 했다는 이야기 등은 모두 평등지권의 정신을 담고 있습니다.

천부 자원으로서 인류에게 거저 주어진 것에는, 우리가 땅이라고 부르는 지표면만 있는 것은 아닙니다. 지하자원, 수자원, 해양자원, 공중 공간, 주파수대 등도 모두 천부 자원에 해당합니다. 사실 경제학에서는 모든 것을 토지라고 부릅니다. 땅을 취급할 때 평등지권의 정신을 적용하는 것이 옳다면, 지하자원, 수자원, 해양자원, 공중 공간, 주파수대 등을 취급할 때도 똑같이 해야겠지요.

둘째, 토지는 공급이 고정되어 있습니다. 필요할 때 더 만들 수만 있다면 얼마나 좋겠습니까? 빵, 신발, 그릇, 자동차, 쌀 같은 물자는 필요할 때 얼마든지 더 만들 수 있습니다. 하지만 땅과 자연 자원은 필요하다고 해서 더 만들 수 없습니다. 어떤 학자는 도시토지, 농지, 상업용지, 공업용지 등 용도별 토지를 예로 들어 토지 공급은 변한다고 주장하지만, 이는 한 가지 용도에만 시선을 집중할 때 생기는 착시 현상입니다. 도시토지의 공급이 늘었다고 칩시다. 실제로 대한민국 수도 서울의 면적은 $268.35km^2$ (1949년)에서 $605.25km^2$(2022년)로 증가했습니다. 이것을 두고 토지가 새롭게 만들어져서 서울에 공급됐다고 말할 사람은 없을 것입니다. 다른 용도의 토지, 즉 농지와 산지 등이 도시토지로 바뀐 것에 불과하지요. 용도별 토지의 공급이 아무리 변하더라도 전체 토지나 특정 위치 토지의 공급은 변하지 않는다는 사실에 유의하기를 바랍니다. 1949~2022년에 서울의 면적은 엄청나게 늘어났지만, 대한민국 국토의 전체 면적에는 거의 변화가 없었습니다.

공급이 고정되어 있더라도 양이 워낙 풍부해서 좋은 땅이 남아돌 때는 아무 문제도 생기지 않습니다. 하지만 사람이 많아져서 모두에게 좋은 땅이 돌아가지 못할 때는 문제가 생깁니다. 그때부터 토지를 놓고 치열한 쟁탈전이 벌어지고, 어떤 방식으로든 토지 소유권을 갖게 된 사람은 땀과 희생 없이 다른 사람들이 만든 생산물을 차지합니다. 경제학에서는 이렇게 확보하는 소득을 지대^{rent}라고 부릅니다. 일단 토지 소유권을 확보한 사람들은 가만히 앉아서 계속 지대 소득을 챙길 수 있습니다. 지대는 노동을 제공한 대가로 얻는 임금이나 자본을 제공한 대가로 얻는 이자와는 성격이 다릅니다. 임금과 이자는 땀을 흘리고 비용을 치르는 대가로 주어지지만, 지대는 토지 소유자가 아무 노력과 희생을 치르지 않아도 주어지기 때문입니다. 한 마디로 지대는 불로소득입니다.

경제학의 시조 애덤 스미스$^{Adam\ Smith,\ 1723~1790}$가 『국부론』에서 토지 소유자들을 "스스로 노동도 하지 않고 조심도 하지 않고, 마치 저절로 굴러들어오는 것처럼 자기의 의도·계획과 무관하게 수입을 얻는 유일한 계급"이라고 규정한 것은 그 때문입니다. 토지공개념의 시조로 알려진 헨리 조지도 『진보와 빈곤』에서 "지대는 독점가격이고 인적 노력에 의해 생산할 수도, 증가시킬 수도 없는 자연 요소를 개별 소유권의 대상으로 삼는 데서 생기는 것"이라고 했습니다.

부족한 땅에 대한 수요가 증가할수록 그 땅의 지대도 증가합니다. 어떻게든 토지 소유권을 차지하기만 하면 계속 증가하는 소득을 얻을 수 있으므로 사람들이 좋은 땅에 혈안이 되는 것은 당연한 일입니다. 그런데 말입니다. 땀 흘리고 비용을 들여 물자를 생산하지 않고 토지 소유권을 차지한 채 놀고먹으려고만 하는 사람이 늘어난다면, 그 사회는 어떻게 될까요?

셋째, 몇 가지 예외를 제외하면, 토지는 영원히 존재하는 자원입니다. 영원히 존재하는 성질을 영속성이라고 하지요. 여기서 몇 가지 예외란, 채굴하면 할수록 부존량이 줄어드는 지하자원이나 농사를 지으면 지을수록 비옥도가 떨어지는 농지를 가리킵니다. 그 외의 토지는 물리적으로 마모되지도 않고 경제적으로 가치가 줄어들지도 않습니다. 사람이 만드는 재화 중에도 냉장고나 자동차처럼 어느 정도의 내구성(오래 견디는 성질)을 갖는 것은 있지만, 토지처럼 무한한 내구성, 즉 영속성을 갖는 것은 하나도 없습니다. 또 이 세상에 존재하는 많은 중고품 중에서 오래 사용하는데도 가치가 떨어지지 않는 것, 아니 심지어 올라가는 것은 토지 말고는 없습니다.

토지는 영속적인 자원이기 때문에 몇 번이고 재활용할 수 있습니다. 사실 지금 우리가 사용하는 토지는 대부분 중고품이지요. 예선부터 사용해온 토지를 재활용하고 있기 때문입니다. 냉장고나 자동차, 기계 등은 재활용하면 품질이 떨어지기 쉽지만, 토지는 그렇지 않습니다. 성장하는 지역에서는 주변 환경이 개선되어 토지의 '위치' 조건이 좋아지기 때문에 토지의 품질은 재활용할 때마다 좋아집니다.

넷째, 위치를 빼고는 토지를 이야기하기 어렵습니다. 이 성질을 흔히 위치 고정성 또는 위치 규정성이라고 부르지요. 서울 명동의 땅 한 평($3.3m^2$)과 경북 경산시의 땅 한 평 사이에는 엄청난 차이가 있습니다. 둘 사이에 물리적 차이는 거의 없습니다. 하지만 전자의 가격은 수억 원이고, 후자의 가격은 수십만 원입니다. 이 차이는 무엇 때문에 생길까요? 답은 위치의 차이입니다. 위치가 좋은 땅에서는 무슨 사업을 해도 잘되고 수송비도 적게 듭니다. 그 지역 주민들은 좋은 위치의 혜택을 마음껏 누리지요. 서울의 강남지역을 떠올려 보십시오. 반면에 위치가 나쁜 땅에서는 손님이 많지 않아서 사업을 해도 큰돈을 벌기 어렵고 수송비도 많이 듭니다. 그 지역 주민들은 여러 가지 생활의 불편을 감수할 수밖에 없습니다. 얼마 전 '나의 해방일지'라는 TV 드라마는 매일 서울로 장시간 출퇴근하는 경기도 주민의 애환을 그렸지요. 위치가 좋은 지역과 나쁜 지역 간의 이런 차이는 두 지역의 토지가격에 반영됩니다. 다음의 서양 격언은 토지에서 위치가 갖는 결정적인 의미를 분명히 말해 줍니다.

"세 가지 요인이 토지가치를 결정한다. 그것은 바로 위치, 위치 그리고 위치location, location and location다."

그래서 토지를 말할 때는 주소를 함께 붙여서 이야기해야만 합니다. 주소가 다르면 토지는 질적으로 달라지니 말입니다. 한국에서는 토지를 셀 때 흔히 필지筆地라는 용어를 사용하는데, 이는 등기부상에서 한 덩어리로 간주하는 토지 단위를 가리키는 말입니다. 현재 한국에는 약 3,800만 필지가 있는데 이것들의 위치는 모두 다르므로, 정확히 말하면 3,800만 개의 서로 다른 토지가 존재한다고 해야 합니다.

토지 단위 하나하나가 모두 다른 성질을 갖는다는 것을 가리켜 개별성 또는 이질성이라고 합니다. 토지의 위치 규정성이 토지 단위의 개별성 또는 이질성을 낳는 것이지요. 예를 들어, 같은 브랜드의 운동화 가격은 전국 어디서나 같습니다. 하지만 토지가치는 토지 단위마다 다릅니다. 토지의 개별성이 토지가치의 개별성으로 이어지는 것입니다. 한국에 3,800만 필지의 토지 단위가 존재한다면 토지가치도 3,800만 개가 존재하겠지요.

요컨대 토지는 천부성, 공급 고정성, 영속성, 위치 규정성 등 다른 자원이나 생산물에서는 찾아보기 힘든 뚜렷한 특질을 갖습니다. 따라서 토지를 다룰 때 다른 자원이나 생산물을 다루듯이 해서는 오류를 피하기 어렵겠지요.

▌토지의 세 가지 용도

이제 토지가 어떤 용도로 사용되는지 알아볼까요?[1]

첫째, 토지는 생산요소의 하나입니다. 생산요소란 생산 과정에 투입되어 생산물을 만드는 데 사용되는 자원을 뜻합니다. 보통 생산의 3요소라고 하면 토지, 노동, 자본의 세 가지를 꼽지요. 과거 농경사회에서 토지는 노동과 자본을 투입하는 대상이었지만, 현대 사회에서는 생산의 환경으로서 기능합니다. 공장과 사무실의 부지나 도로 아래의 땅을 생각하면 생산의 환경이라는 역할이 얼마나 중요한지 금방 알 수 있습니다. 여기서 위치가 결정적 요인이

---

1 이정전, 2015, 『토지경제학』, 박영사, 제4장 참조.

된다는 사실에 대해서는 바로 앞에서 설명했습니다.

둘째, 토지는 소비재로 이용되기도 합니다. 여기에는 두 가지 유형이 있습니다. 하나는 주택 부지이고, 다른 하나는 자연 상태의 토지입니다. 집에 '산다'[live]라는 것은 토지와 건물이 제공하는 주거 서비스를 소비한다는 말입니다. 여기서도 토지의 위치는 매우 중요합니다. 좋은 위치의 토지에 사는 사람들은 사회가 제공하는 혜택을 마음껏 누리는 반면, 나쁜 위치의 토지에 사는 사람들은 그런 혜택을 제대로 누리지 못합니다. 좋은 위치의 토지에 사는 사람들도 자기 집에서 사는지 아니면 남의 집을 빌려 세입자로 사는지에 따라 형편이 달라집니다.

자연 상태의 토지를 소비한다는 말은 무슨 뜻일까요? 토지 중에는 존재하는 그 자체로 사람들에게 혜택을 제공하는 것이 있습니다. 숲이 우거진 산, 풍광이 아름다운 해변이나 강변 등을 떠올려 보십시오. 멋진 자태를 자랑하는 설악산이나 정동진, 제주도의 아름다운 해변을 보며 우리는 평안함과 기쁨을 느낍니다. 자연 상태의 토지를 소비해서 만족을 얻는 것이지요. 많은 사람이 자연환경이 좋은 곳을 찾아 여행을 떠나는 것은 이런 혜택을 맛보고 싶어서입니다. 이처럼 자연 상태의 토지는 소비하는 사람

에게 유익을 제공하지만, 아무도 그것을 소유하고 다른
이에게 제공하려 하지는 않습니다. 그런 토지를 소유하면
서 다른 이에게 제공해 봐야 자신에게는 아무런 이득이
생기지 않기 때문입니다.

그 이유를 알아볼까요? 자연 상태의 토지는 공공재의
특성을 갖습니다. 공공재란 공동 소비의 대상이 되는 물
건으로, 비경합성과 비배제성이 특징입니다. 말이 좀 어
려운가요? 조금만 참고 공부해봅시다. 비경합성이란 새로
운 소비자가 소비에 참여하더라도 기존 소비자가 누리는
혜택이 줄어들지 않는 성질을 가리킵니다. 비배제성이란
소비의 대가를 지불하지 않은 사람도 배제할 수 없는 성
질을 뜻합니다. 국방, 외교, 치안, 행정 등의 공공 서비스
는 두 가지 성질을 다 갖는 전형적인 공공재입니다. 한국
에서 아기가 새로 태어났다고 해서 기존 국민이 누리는
국방 서비스의 혜택은 줄어들지 않습니다. 또 그 아기는
대가를 내지 않는다는 이유로 국방 서비스의 수혜 대상에
서 제외되지 않습니다.

자연 상태의 토지는 비경합성과 비배제성을 다 갖고 있
습니다. 거기에 새로 누군가가 방문하더라도 기존 소비자
가 누리는 혜택이 줄지 않습니다. 돈을 내지 않았다고 해

서 맑은 공기와 아름다운 풍광을 누리지 못하게 막을 수도 없습니다. 그러니까 자연 상태의 토지는 전형적인 공공재라고 할 수 있습니다. 이런 공공재는 개인이 사비로 마련해서 공급하더라도 혜택을 누리는 사람들은 대가를 내려고 하지 않습니다. 그러니 아무도 공급하려 하지 않고, 가격도 성립하지 않겠지요. 문제는, 시장에서 공급되지도 않고 가격도 성립하지 않지만 소비자에게 주는 유익, 즉 사회적 가치는 크다는 사실입니다.

자연 상태의 토지를 생산 요소용 토지나 주택 부지로 전환해서 팔거나(매각) 빌려주면(임대) 개발업자는 엄청난 이익을 챙길 수 있습니다. 따라서 어떤 방법으로든 그렇게 전환하려는 경제적 충동이 여기저기서 생길 수밖에 없습니다. 그런 충동을 그대로 두면 자연 상태의 토지가 죄다 생산 요소용 토지나 주택 부지로 바뀌면서 환경은 훼손되고, 자연 상태의 토지를 소비하려는 다수의 욕구는 제대로 충족되기 어렵습니다. 그래서 국가가 나서서 자연 상태의 토지를 보호해야 하는 것입니다.

셋째, 토지사유제가 확립된 사회에서 토지는 자산으로 취급됩니다. 자산이란 경제적 가치를 갖는 유형·무형의 물건을 뜻하는데, 벌어들인 소득을 다 쓰지 않고 저축할 때 생깁니다. 사람들은 자산이 생기면, 그것을 어떤 형태로 보관할지, 또 어떻게 불려 나갈지 고민합니다. 현대인들은 보통 주식, 채권, 파생금융상품, 부동산 등의 형태로 자산을 보유합니다. 대한민국처럼 부동산으로 손쉽게 돈을 벌 수 있는 나라에서는 자산을 토지 등 부동산으로 보관하려는 경향을 보입니다. 자산을 토지로 보관하면 지대 소득을 얻을 수 있을 뿐 아니라, 팔아서 지가 차익도 얻을 수 있기 때문입니다. 이처럼 이용할 목적이 아니라 자산 가치를 늘릴 목적으로 토지를 사고파는(매매) 행위를 '투기'라고 부릅니다.

2장
땅은 누구의 것일까?

토지 없이 살 수 있는 사람은 한 명도 없습니다. 또 토지 없이 이루어지는 생산은 하나도 없습니다. 토지가 이처럼 인간의 생존에 필수 불가결하다면, 또 천부 자원으로서 인간이 만들 수 있는 물건이 아니라면, 이를 어떻게 다루는 것이 옳을까요? 오늘날 한국을 비롯한 많은 국가에서 토지사유제를 채택하고 있어서 사람들이 토지의 사적 소유를 당연시하는 경향이 있는데, 과연 그 생각이 맞는 걸까요?

자본주의 경제체제는 사유재산 제도와 시장경제를 양대 축으로 하여 이루어졌습니다. 오늘날 자본주의 사회에서 사유재산의 원칙은 누구도 의문을 제기할 수 없는 신성불가침의 규율이 되었습니다. 그래서인지 자기의 소유권과 그로부터 오는 이익을 지키기 위해 이 원칙을 오·남용하는 사람도 많습니다. 그들의 주장은 대개 '어떤 물건이라도 사적으로 소유할 수 있고, 그 소유권은 절대적으로 보호되어야 한다'라는 식입니다.

과연 그럴까요? 어떤 경로로든 소유권이 성립하면, 또 그것이 제도적으로 인정되면 그것을 절대적인 것으로 여기는 것이 옳을까요? 성질상 소유의 대상이 되지 않아야 하는데도 어쩌다가 소유권이 성립한 경우라도 그렇게 해야 할까요? 성질상 소유의 대상이 될 수 없는 것이 어디 있냐고요? 사람, 공기, 바다, 강, 투표권, 공직, 인체 장기 등 한둘이 아니지요. 만일 사유재산 제도의 철학을 정립한 존 로크John Locke, 1632~1704가 살아 돌아와서 '일단 성립한 소유권은 무조건 정당하다'라는 주장을 접한다면 아연실색할지 모릅니다. 그가 주장한 사유재산의 원칙은 이와는 전혀 다르니 말입니다.

존 로크에 따르면, 어떤 물건에 사적 소유권이 성립하는 것은 누군가 그것을 만들기 위해 노동이라는 비용을 치렀기 때문입니다. 그렇게 비용을 치르고 성립한 사적 소유권은 절대적·배타적 권리로서 인정받고 보호받아야

존 로크

한다는 것이지요. 개인의 인격과 신체 그리고 노동력이 그 개인의 것이라면 그가 노동력을 들여 생산한 물건도 그의 것으로 인정해야 한다는 것이 논거였습니다. 그러니까 로크가 말한 사유재산의 원칙이란, 어떤 물건은 그것을 만들기 위해 노력한(비용을 치른) 사람이 소유하는 것이 마땅하다는 '상식'을 근사한 형태로 표현한 것입니다. 이런 상식을 근거로 생각하면, 사람이 다른 사람을 소유하고 거래하는 노예제도는 당연히 부정됩니다. 공기, 바다, 강, 투표권, 공직, 인체 장기 등에 사적 소유권을 인정하는 것도 마찬가지고요.

로크가 정립한 원래의 사유재산 원칙에 따르자면, 토지에 사적 소유권을 인정하는 제도는 용인되기 어렵습니다. 토지를 만들기 위해 비용을 치른 사람이 아무도 없는데, 어떻게 거기에 사적 소유권을 부여할 수 있겠습니까? 창조주 외에 토지에 절대적·배타적 소유권을 주장할 수 있는 존재는 이 세상에 없습니다.

▌ 시장 거래는 소유권의 정당성을 보장하는가?

어떤 사람은 이렇게 말합니다.

"시장에서 대가를 지불하고 사들인 소유권은 정당하다."

그런 사람에게는 "매매란 정당성을 주는 행위가 아니라 소유권을 이전하는 행위일 뿐입니다. 도덕적으로 인정되지 않는 재산권이 매매를 거친다고 해서 도덕적 정당성을 가질 수는 없습니다"라고 했던 헨리 조지의 음성을 들려줄 필요가 있습니다. 조지는 노예를 사냥한 사람에게 노예 소유권을 인정할 정당한 이유가 없다면, 대가를 지불하고 노예를 산(매입) 사람에게도 노예 소유권을 인정할 이유가 없다고 주장했습니다. 부당한 취득으로 확보된 소유권이라면, 대가를 지불하고 그 소유권을 샀더라도 정당하지 않다는 뜻입니다. 그러나 유감스럽게도 매입으로 소유권이 생긴다는 생각은 의외로 뿌리가 깊습니다. 헨리 조지의 말을 직접 들어볼까요?

"제가 살아온 시기의 미국에서는 매입에 의해 소유권이 생긴다는 논리가 노예제 옹호의 공통된 근거였습니다. 정치인도 그랬고 법률가도 성직자도 주교도 그랬습니다. 온 나라의 대다수 국민이 이 논리를 수용했습니다. 아내와 남편 그리고 자식과 부모를 떼어 놓고 강제 노동을 시키고 노동의 결실을 가로채고 그리스도교도가 그리스도교도를 사고파는 일이 이 논리에 의해 정당화되었습니다."(『노동 빈곤과 토지 정의』, 40쪽)

오늘날 문명 세계에 사는 사람이라면 대부분 돈을 내면 사람을 사서 소유할 수 있다는 생각에 동의하지 않을 것입니다. 사람이 다른 사람을 사고파는 일이 허용돼서는 안 된다는 점도 분명히 알고 있을 것입니다. 누군가 수 세기 전에 유럽인들이 아프리카에서 했던 짓을 지금 대한민국에서 그대로 한다면 그는 바로 납치범 또는 인신매매범으로 체포될 것입니다. 세월이 지나는 사이에 사람들의 인식과 제도가 정반대로 변한 것이지요.

헨리 조지가 살았던 시대에 미국 사람들이 그랬던 것처럼, 현대인들은 돈으로 매입하면 소유권이 생긴다는 논리에 사로잡혀 토지사유제를 만고불변의 진리로 여깁니다. 하지만 누가 알겠습니까? 노예제에 대한 보편적 인식이 정반대로 바뀌었듯이, 토지사유제에 대한 인식도 장차 그렇게 바뀔지 말입니다.

인간을 소유의 대상으로 삼는 노예제와 마찬가지로 토지사유제도 강압과 폭력에 의해 성립했습니다. 인류 역사를 통틀어서 볼 때, 한 민족이 영토를 확보하는 데는 대개 무력이 동원되었으며, 확보한 영토를 사회구성원에게 분배하는 데도 정치적 힘의 논리가 크게 작용했습니다. 개인의 근면과 저축이 아니라 강탈과 강점이 토지 소유권의 기원이었던 셈입니다. 힘에 의한 토지 소유권 확보는 역사상 최초로 토지 소유권이 등장했던 시대에만 행해진 것이 아닙니다. 인류 역사에서 수없이 반복된 전쟁은 사실상 토지 쟁탈전이었습니다. 오늘날에도 수자원, 유전, 주파수대, 오염권, 해안 접근권 등 '넓은 의미의 토지'를 로비와 압력 등 경제외적 수단으로 사유화하려는 시도가 세계 곳곳에서 계속되고 있습니다. 또한, 후진국 여러 지역에서는 선진국의 탐욕스러운 자산가들이 땅을 헐값에 대거 매입하는, 사실상의 강탈이 이루어지고 있습니다.

토지를 사적 소유의 대상으로 삼는 것 자체가 정당하지 않다면, 어쩌다 토지 소유권이 성립한 뒤 여러 번 거래가 이뤄져 소유자가 바뀌었다 할지라도 정당성을 인정받기 어렵습니다. 그러니 '내 땅은 내가 열심히 번 돈으로 산 거야. 그러니 아무도 손댈 수 없어!'라는 식의 주장은 설 자리를 잃을 수밖에요.

▮ 토지사유제를 부정하면
사유재산 전체를 부정해야 하는가?

모든 생산은 토지에서 원료를 얻기 때문에 토지의 사적 소유가 정당하지 않다면 노동 생산물의 사적 소유도 정당하지 않을 것이라는 반론도 있습니다. 토지사유제의 부정은 사유재산 제도 전체의 부정으로 이어진다는 이야기지요. 그러나 토지에서 얻는 원료에 노동을 더해 만드는 생산물에 소유권을 인정하는 것과 토지 그 자체에 소유권을 인정하는 것은 전혀 다른 이야기입니다. 전자에는 노동하는 인간의 적극적인 노력과 희생이 들어가는 반면, 후자에는 그런 것이 일절 들어가지 않기 때문입니다. 게다가 노동 생산물에 대한 소유권은 사실상 일시적인 사용권에 지나지 않습니다. 인간이 토지라는 '창고'로부터 원료를 얻어 생산물을 만들지만, 그 순간부터 원료는 다시 창고로 되돌아가는 과정을 시작합니다. 나무는 썩고, 쇠는 녹슬고, 돌은 분해됩니다. 헨리 조지의 말을 다시 들어봅시다.

"우리가 아는 한, 물질은 영원하고 힘은 소멸되지 않습니다. 햇살에 떠다니는 작은 티끌 하나, 나뭇잎을 흔드는 미세한 자극 하나도 우리가 창조하거나 소멸시킬 수 없습니다. 그러나 인간이 옮기고 결합한 생산물은 끊임없는 자연의 흐름 속에서 스러지고 맙니다. 그리하여 자연을 원료로 삼아 인간이 생산한 것에 대한 소유권을 인정해도 단지 일시적으로 사용할 수 있을 뿐, 우리 모두를 위해 마련된 원천에는 영향을 미칠 수 없습니다. … 인간은 자기 노동으로 생산한 토지의 결실은 사적으로 소유해도 됩니다. 이런 물자는 시간이 지나면서 노동의 흔적을 잃고 원료가 나온 원천인 자연으로 돌아가므로 특정인이 소유하더라도 다른 사람에게 피해를 주지 않기 때문입니다."(『노동 빈곤과 토지 정의』, 45~46쪽)

만든 사람에게 소유권을 인정해야 한다는 주장을 사람이 직접 만들지 않은 것에도 적용하려면 상당한 논리 비약을 허용해야 합니다. 흔히 강자들은 이런 억지 논리로 자신의 이익을 지키려고 하지만, 상식을 가진 일반 시민이 여기에 현혹돼서는 안 되겠지요.

▌ 토지 소유권을 인정하지 않으면 토지의 효율적 이용이 곤란해질까?

마지막으로, 토지에 절대적·배타적 소유권을 인정하지 않으면 토지의 효율적 이용이 어려워진다는 주장에 대해 검토해 볼까요? 토지사유제를 옹호하는 사람들은 토지에 절대적·배타적 소유권을 인정해야만 토지자원을 효율적으로 배분할 수 있고, 오용을 막을 수 있으며, 토지 이용의 안정성을 보장할 수 있다고 말합니다. 실제로 개인에게 어떤 권리도 인정하지 않는 토지나 자연자원은 오·남용되는 경우가 많습니다. 대도시의 공원이나 해양자원을 생각해보십시오. 공원과 바다는 국·공유라서 사실상 누구의 것도 아니지요. 철저하게 국가가 관리·감독하지 않는 한, 사람들은 이런 자원에서 최대한의 혜택을 얻어내는 일에 몰두합니다. 대가를 전혀 내지 않고도 혜택을 얻을 수 있으니 자원의 오·남용이 극심해집니다. 1960년대에 개릿 하딘Garrett Hardin, 1915~2003이라는 생물학자는 이런 현상을 '공유지의 비극'Tragedy of Commons이라 명명하고, 자원 관리의 필요성을 강조했지요.

하딘의 견해는 토지에 절대적·배타적 소유권을 인정해야 오·남용을 막을 수 있다는 주장의 유력한 근거로 쓰이곤 합니다. 하딘이 말한 공유지란 중세 유럽의 농촌에서 구성원들이 공동으로 사용했던 토지를 뜻하는데, 촌락 바깥의 목초지나 삼림 등입니다. 촌락 구성원이라면 누구나 여기서 가축을 방목하거나 삼림 자원을 채취할 수 있었으므로, 그들 사이에 '공유지 사용 많이 하기' 경쟁이 벌어지는 경우가 있었습니다. 결과는 공유지의 황폐화였습니다. 오늘날에도 공유자원에서 이런 비극이 종종 발생하지요. 공유지의 비극을 방지하려면 사용자에게 사용하는 만큼 대가를 내도록 하거나 공유지를 오·남용하지 못하도록 공동체가 감시하면 됩니다.

문제를 해결할 정답이 엄연히 따로 있는데, 토지사유제 옹호론자들은 엉뚱하게 개인에게 소유권을 줘야 한다고 주장하는 것이지요. 하지만 이는 여우를 피하려다 호랑이를 만나는 결과가 됩니다. 투기를 부르고 소수에게 불로소득을 안겨주는 또 다른 폐해를 유발하기 때문입니다. 사용자에게 일정 기간 배타적 사용권을 주고 사용하는 만큼 요금을 내게 하거나 남용을 막는 관리제도를 마련하면 충분한데도 왜 그들은 아예 개인이 절대적 소유권을 갖도록 하자고 할까요? 토지 사유화로 이익을 얻는 사람들을 챙기려는 의도가 깔려 있다고 볼 수밖에 없습니다.

▌토지사유제의 폐해를 우려한 사상가들

유감스럽게도 역사는 토지사유제 옹호론자의 주장대로 진행되어왔고, 지금도 그렇게 진행되고 있습니다. 잘 알려지지 않았지만, 지각 있는 사상가들은 토지제도가 이렇게 바뀌는 데 대해 심각한 우려를 나타냈습니다. 이들이 카를 마르크스Karl Marx, 1818~1883와 같이 사회주의 사회를 꿈꾸는 좌파 계열 인사들이 아니었다는 점에 유의하기를 바랍니다.

"처음으로 어떤 땅에 울타리를 두른 다음 '여기는 내 땅이다'라고 스스로 말하고, 다른 사람들이 이 말을 믿을 만큼 단순하다는 사실을 알아낸 인간이야말로 문명사회의 진짜 창시자다. 누군가 말뚝을 뽑고 구덩이를 메우면서 다른 사람들에게 '저 사기꾼 얘기는 듣지 마시오. 과일은 모두의 것이고 땅은 그 누구의 소유도 아니라는 사실을 잊어버리면, 당신은 파멸할 겁니다!'라고 외쳤다면, 얼마나 많은 범죄, 전쟁, 살인, 비참, 공포로부터 인류를 구할 수 있었을 것인가?"(『인간 불평등 기원론』, 117~118쪽)

자유와 평등의 가치를 소리높이 외쳤던 대표적인 계몽사상가 장 자크 루소Jean-Jacques Rousseau, 1712~1778의 말입니다. 그는 구체제(앙시앵 레짐)를 무너뜨리고 민주주의의 길을 활짝 열었던 프랑스 대혁명에 큰 영향을 끼친 인물이지요. 여기서 그가 말하는 문명사회란 근현대사회를 가리킵니다. 그가 근대 이후 인류가 겪은 수많은 재앙의 기원을 토지사유제 도입에서 찾았음을 확인할 수 있습니다.

"경작과 함께 시작된 토지독점은 최대의 악을 초래했다. 모든 국가의 반 이상 국민에게서 마땅히 이뤄졌어야 할 보상

장 자크 루소

도 하지 않은 채 자연적 유산을 박탈하는 바람에 그 이전에
는 없었던 가난하고 비참한 사람들이 양산되었다. … 경작
및 문명 생활과 불가분의 관계에 있는 토지사유제는 마땅히
이뤄졌어야 할 보상도 하지 않고 모든 사람에게서 그 재산
을 빼앗아 갔다."(『토지 정의』Agrarian Justice, 7~8쪽)

미국 독립전쟁, 즉 미국혁명에 사상적 기초를 제공한
토머스 페인Thomas Paine, 1737~1809의 말입니다. 페인이 1776

토머스 페인

년 1월 발간한 『상식』Common Sense은 센세이션을 일으키며 몇 달 만에 50만 부 이상이 팔려, 같은 해 7월 4일 발표된 '독립선언문'의 탄생에 지대한 영향을 끼쳤지요. 나중에 그는 프랑스 대혁명을 옹호하는 글을 발표하고 혁명에 직접 참여하기도 했습니다. 미국혁명과 프랑스 대혁명 양쪽 모두에 영향을 끼쳤으니 대단한 사상가라고 하지 않을 수 없습니다. 그런 그가 토지에 대한 권리를 모두가 누려야 할 자연적 유산으로 보고, 토지사유제가 도입되는 바람에 많은 사람이 그 권리를 박탈당하고 가난하고 비참한 상태로 떨어졌다고 주장했다는 사실을 잘 기억해둘 필요가 있습니다. 페인은 기본소득을 주창한 것으로도 유명한데, 그의 기본소득은 모든 사람이 갖는 토지권에 대한 보상이라는 차원에서 제안된 것입니다. 이에 대해서는 뒤에서 좀 더 살펴보기로 하지요.

오늘날 경제학자 가운데 토지사유제를 정면으로 반대하는 사람은 소수이지만, 예전 경제학자 가운데서는 어렵지 않게 발견할 수 있습니다. 예컨대 경제학의 시조 애덤 스미스는 토지 소유자를 "스스로 노동도 하지 않고 조심도 하지 않고, 마치 저절로 굴러들어오는 것처럼 자기의 의도·계획과는 무관하게 수입을 얻는 유일한 계급"이라고 혹평하고 "다른 사람들도 마찬가지이지만, 지주는 심지는 않고 거두기만 좋아한다"라고 기술함으로써 토지사유제에 대한 불만을 표했습니다. 고전학파 경제학을 집대성한 존 스튜어트 밀John S. Mill, 1806~1873도 "사유재산의 신성함을 이야기하지만 이러한 신성함이 토지 재산권에도 같은 정도로 해당되는 것이 아님을 반드시 기억해야 한다. 토지는 사람이 만든 것이 아니다. 토지는 모든 생물이 생래적生來的으로 물려받은 유산이다"라고 하면서 토머스 페인과 유사한 견해를 밝혔습니다.

한계혁명을 주도해 신고전학파 경제학 성립의 계기를 마련한 세 사람 중 한 명인 레옹 발라Leon Walras, 1834~1910도 "개인의 능력에 의한 생산물을 모두 개인에게 귀속시키기 위해서는 국가가 토지를 소유하고 그 임대료로 국가를 유지"해야 한다고 주장했습니다. 현대에 와서도 이와 비슷한 견해를 펼친 경제학자들이 있는데, 이들 중에는 로버트 솔로Robert M. Solow, 1924~, 제임스 토빈James Tobin, 1918~2002, 프랑코 모딜리아니Franco Modigliani, 1918~2003, 윌리엄 비크리William Vickrey, 1914~1996, 조지프 스티글리츠Joseph Stiglitz, 1943~등 노벨경제학상 수상자가 포함되어 있습니다.

사실 긴 인류 역사 가운데 토지사유제가 합법화되었던 시기는 그리 길지 않습니다. 로마 사회와 근대 자본주의 사회 정도가 해당하지요. 그보다 더 오랫동안 지속했던 토지제도는 사회구성원에게 평등한 토지권을 인정하는 것이 었습니다. 이에 대해 헨리 조지는 다음과 같이 말합니다.

"초기의 인류는 우리가 아는 범위 내에서는 언제나 평등한 토지권을 인정했었습니다. 노동 생산물에 대한 소유권을 보장하기 위해 개인별로 토지에 대한 배타적 사용권을 부여할 필요가 생긴 후에도, 평등을 충분히 보장하는 방법을 각 사회의 발전 단계에 맞게 마련해 왔습니다. 어떤 민족은 농토를 주기적으로 재분배하고, 가축을 기르거나 땔감을 마련하는 토지는 공동으로 사용하였습니다. 또 거주와 경작에 필요한 토지를 각 가족에게 분배하지만, 필요성이 사라지면 누구든 다른 사람이 그 땅을 차지하여 쓸 수 있게 하기도 했습니다. 모세의 토지법도 성격은 같습니다. 일단 토지를 공평하게 분배한 다음, 어느 가족도 토지를 빼앗기지 않도록 하기 위해 희년 제도를 두었습니다. 즉 매입한 토지라 하더라도 50년마다 원 소유자의 자손에게 되돌려 주도록 하였습니다."(『노동 빈곤과 토지 정의』, 22쪽)

헨리 조지의 말대로라면, 인류는 긴긴 세월 동안 모두에게 토지에 대한 평등한 권리를 보장하는 장치를 작동시켜 온 셈입니다. 토지사유제가 합법화한 오늘날에도 세계 여러 나라의 법제 안에는 그 장치의 희미한 흔적이 남아 있습니다.

토지사유제가 합법적인 제도로 정착한 결과는 참혹합니다. 모든 사람이 비슷비슷하게 땅을 갖게 되리라는 생각은 몽상가의 머릿속에서만 실현 가능할 뿐, 실제로 땅은 소수에게 집중되어 갔습니다. 사실 땅을 소유하는 것은 인간을 소유하는 것과 비슷한 상황을 만들어냅니다. 두 경우 모두, 땅의 소유자가 타인이 노동한 결실을 가질 수 있고 노동자의 상전이 될 수 있습니다. 토지 없이 생산하고 생활할 수 있는 사람은 한 명도 없기 때문입니다. 생존의 터전을 소유하면 결국 사람을 소유하게 됩니다. 더욱이 토지사유제는 타인의 노동을 착취하기에 노예제보다 더 간편하고 경제적입니다. 노예를 사냥하고 가두고 먹일 필요가 없기 때문입니다. 노예제에서 흔히 사용했던 채찍질도 필요 없습니다. 가만히 두면 사람이 제 발로 찾아와서 주인으로 모실 수 있게 해 달라고 간청합니다. 현대판 노예제에서 노동자의 처지는 처량하기 짝이 없습니다.

"토지사유제는 맷돌의 아랫돌이다. 물질적 진보는 맷돌의 윗돌이다. 노동 계층은 증가하는 압력을 받으면서 맷돌 가운데서 갈리고 있다."

헨리 조지의 말입니다.

3장

토지공개념이 사회주의라고?

인류는 자본주의 시장경제 체제를 도입하면서 토지사유제를 합법화하는 오류를 저질렀지만, 토지의 특수성을 깡그리 무시할 수는 없었나 봅니다. 법제 중에 토지공개념이라는 흔적을 남겼으니 말입니다. 토지공개념은 사유재산 제도를 인정하는 가운데 토지의 특수성을 고려해 다른 재산에는 허용되지 않는 규제와 의무를 부과할 수 있음을 내용으로 하는 정책 철학입니다. 유럽 여러 나라의 엄격한 토지 이용 규제나 미국과 캐나다의 무거운 부동산 보유세는 토지공개념 철학이 반영된 결과입니다. 토지공개념을 아예 헌법에 명기한 나라들도 있습니다. 대만, 독일, 스페인, 이탈리아, 한국 등이 대표적입니다. 싱가포르

처럼 아예 국토의 80% 이상을 국가가 소유하는 나라도 있지요. 핀란드의 수도 헬싱키는 시가 관내 토지의 60% 이상을 소유하고 있습니다. 싱가포르와 헬싱키시는 국·공유지를 민간에 임대해 사용료를 걷는 토지공공임대제를 성공적으로 정착시켜 토지공개념을 실현한 모범적 사례입니다. 토지공공임대제에 대해서는 2부 9장에서 상세히 설명하겠습니다.

토지공개념을 주장하면 토지를 몰수하려고 한다느니, 사회주의 방식이라느니 하는 비난이 뒤따릅니다. 하지만 이런 비난은 전형적인 '가짜뉴스'입니다. 토지공개념이 사회주의 방식이 아님은 위에서 열거한 나라들이 사회주의 국가가 아니라는 데서 바로 확인됩니다.

토지공개념 제도는 사유 토지를 몰수하지 않습니다. 현재의 소유권을 그대로 인정한 상태에서 사용과 수익에 일정한 제약을 가하는 것입니다. 토지공개념을 구현하기 위해서는 흔히 토지 이용 규제와 토지세를 활용합니다. 이웃에게 큰 영향을 끼칠 수밖에 없는 토지 이용을 적절하게 규제하고, 토지에서 발생하는 불로소득을 환수하는 것이지요. 토지 이용 규제의 틀 안에서 소유자는 자유롭게 토지를 이용할 수 있습니다. 토지세는 토지 소유자에게 부과되며, 생산과정에서 땀 흘리고 희생하는 노동자나 자본가와는 무관합니다. 소득세나 소비세와 달리, 토지세는 노력소득에는 부과되지 않습니다. 토지 소유자는 토지세를 내고 나서도 수중에 불로소득이 남는 경우가 많을 텐데 그것은 당연히 그의 몫입니다.

이런 제도를 두고 사회주의라고 하는 것은 자신의 무지함을 드러내는 것과 다를 바 없지요. 사회주의 사회에서 토지는 모두 국가와 공공의 소유입니다. 그러니 토지의 사용과 처분은 모두 국가와 공공의 권한에 속하는 일입니다. 토지를 사용하는 일에도, 처분하는 일에도 개인의 자유와 권한은 허용되지 않습니다. 토지에서 생기는 수익, 즉 지대는 모두 국가와 공공에 귀속됩니다. 이에 대해 개인이 자기 것임을 주장할 수 있는 여지는 전혀 없습니다. 이런 환경에서는 생산에 참여하는 사람들이 창의성을 발휘하고 땀 흘려 노력할 이유가 없어지지요. 1990년대 이후 전 세계에서 사회주의 경제체제는 붕괴하고 말았는데, 다른 나라가 군대를 이끌고 쳐들어가서 그렇게 된 것이 아닙니다. 한 마디로 사회주의 경제체제는 내부적인 모순 때문에 저절로 무너졌습니다. 여기에는 개인의 창의성을 일절 허용하지 않는 사회주의식 토지제도도 한몫했습니다.

2017년 추미애 더불어민주당 (당시) 대표가 헨리 조지의 방식으로 토지공개념을 도입할 필요가 있다고 역설한 적이 있습니다. 그러자 야당이었던 바른정당의 하태경 의원은 추 대표를 '토지 공산주의자'라고 비난하며 더불어민주당에 추 대표를 징계하라고 억지를 부렸습니다. 이런 식의 비판은 한국 언론에도 종종 등장합니다. 어제오늘의 일도 아니고 한국에서만 있는 일도 아닙니다. 20세기 초에 러시아의 대문호 톨스토이Lev Tolstoy, 1828~1910는 서구에서도 똑같은 공격이 있었음을 증언한 바 있습니다.

"헨리 조지가 제안한 혁명의 의미는 이처럼 엄청난데도 오늘날까지 사람들은 그 의미를 이해하지도, 인정하지도 않고 있다. 이렇게 된 주된 이유는 그의 사상이 왜곡되거나 무시되어왔기 때문이다. 대부분의 사람들은 헨리 조지의 이념을 사유재산제도를 변혁하려는 사상들 가운데 하나로 여긴다. 즉, 사회주의적인 방식의 토지 국유화로 이해하는 것이다. 스스로 학식이 있다고 생각하는 사람들은 헨리 조지의 사상에 극단적으로 반대한다. 그들은 헨리 조지가 말하지도 않은 사실들을 근거로 그의 사상을 쉽게 일축해버리거나, 헨리 조지가 근본적으로 반대한 현실의 기존 질서는 그렇게 반박될 수 없다는 이유로 그의 사상에 반대한다. 한편, 헨리 조지를 전혀 모르면서도 부정적인 반응을 보이는 무식한 사람들-상류사회 사람들, 지주들, 기타 부자들-은 막연히 그가 어떻게 해서든 토지를 현재의 소유자들에게서 몰수하려 한다고 생각한다."(『사회문제의 경제학』, 러시아어 번역판 서문)

토지공개념을 도입하면 자본주의 경제가 어려워질 것이라 말하는 사람들이 있지만, 사실은 정반대입니다. 오히려 토지 소유자가 마음대로 토지를 사용하고 처분하도록 내버려 두면 '외부효과'가 일어나 자원의 효율적 배분이 어려워집니다. 외부효과란 (아무런 대가나 보상 없이) 어떤 사람의 경제 행위가 다른 사람들에게 의도치 않게 이익이나 피해를 주는 현상을 가리킵니다. 토지 단위들은 서로 붙어 있어서, 한 토지 단위에서 이뤄지는 토지 이용 행위는 주변 토지에 외부효과를 일으킬 가능성이 매우 큽니다. 쓰레기 소각장이나 공해 유발 공장이 여기저기 아무렇게나 들어서는 상황을 생각해보십시오. 이런 시설을 운영하는 사람들은 주변 이웃에게 손해를 끼치는 활동을 하면서도 그에 따르는 비용은 감당하지 않아도 되므로, 그런 활동을 많이 하려는 경향을 보입니다. 사회의 자원이 이런 쪽으로 쏠리고 정작 필요한 쪽으로는 가지 않으니 자원의 효율적 배분이 어려워집니다.

또 토지세를 제대로 부과하지 않으면 불로소득이 발생할 수밖에 없는데 이를 그대로 내버려 두면 어떻게 될까요? 비용과 희생을 치르지 않고도 소득을 얻을 수 있는 길이 열려 있는데 누가 그 길 가기를 마다할까요? 뼈 빠지게 일해도 1년에 3~4천만 원밖에 못 버는데 부동산 투기로 1년에 3~4억 원을 벌 수 있다면, 어떤 노동자가 열심히 일할까요? 위험이 따르는 사업에 과감하게 뛰어들어 기술을 혁신하고 시장을 개척하는 것보다 필요 이상의 땅을 사두고는 손실이 일어나지 않을 정도로만 기업을 경영하는 쪽이 더 큰 이익을 가져다준다면 어떤 기업가가 생산적 투자에 열의를 갖겠습니까? 생산의 주체들이 노동과 투자를 소홀히 하고 불로소득 올리기에 열중한다면 그 나라의 경제가 잘될 리가 없지요. 토지공개념을 구현해서 토지에서 불로소득이 생기지 않도록 차단하면, 기업은 생산적 투자에 전념할 것이고, 그 결과 일자리도 늘어날 것입니다. 노동자들은 열심히 일해서 노동소득을 얻고, 그것을 아껴 쓰고 저축하는 삶을 살아갈 것입니다. 이런 경제에 활력이 생기는 것은 당연한 일입니다.

앞서 언급했듯이 자본주의 시장경제에서 소득을 얻으려면 그에 상응하는 대가나 비용을 치르는 것이 원칙입니다. 이 사회에서 부자가 되려면 땀을 흘리고 절제할 수밖에 없지요. 부자가 되고 싶어 하는 사람에게 땀과 절제를 요구하는 점은 자본주의 시장경제의 강점이자 경제성장의 동력입니다. 하지만 한 나라가 자본주의 경제체제를 채택하고서도 사회 곳곳에서 불로소득의 기회를 허용한다면 국민의 마음은 자연스럽게 그쪽으로 쏠리게 되고, 그럴수록 땀과 절제를 요구하는 자본주의 시장경제의 강점은 약해질 수밖에 없습니다. 그러므로 자본주의 시장경제의 강점을 제대로 발휘시키려면 무엇보다도 먼저 불로소득을 차단해야 합니다. 토지공개념 제도는 핵심 목적이 부동산 불로소득을 차단하는 데 있습니다. 그렇다면 이 제도는 어디를 지향한다고 해야 합니까? 사회주의입니까, '진정한 자본주의'입니까?

저는 '토지공개념은 사회주의'라는 오해를 바로잡기 위해 오래전부터 '시장친화적 토지공개념'이라는 표현을 사용해왔습니다. 시장친화적 토지공개념이란 토지, 자연자원, 환경은 인류에게 거저 주어진 천부 자원으로서 모든 사회구성원의 공동재산이라는 성격을 가지므로, 그것을 차지하고 사용하는 사람에게는 그 가치에 비례해 사용료를 공공에 납부할 의무를 부여하고, 사용료 수입은 사회 구성원들에게 골고루 혜택이 돌아가게 지출해야 한다는 내용입니다. 시장친화적 토지공개념은 시장원리를 존중하면서 토지 이용의 창의성과 자율성을 중시합니다. 불로소득에 반대하며 땀과 노력 그리고 모험적 기업가 정신을 옹호합니다. 여기에다 사회주의라는 딱지를 붙여서는 곤란하지 않겠습니까?

투기와 불로소득은 왜 나쁠까?

　지난 몇 년간 서울과 수도권을 중심으로 부동산값이 폭등하는 바람에 온 나라가 큰 소동에 빠졌습니다. 문재인 정부는 주택가격 상승 폭에서 역대 정부 최고를 기록했고, 풍선효과 면에서 역대 정부 최다를 기록했다고 합니다. 풍선효과란 정부가 투기 억제 정책을 일부 지역이나 계층만을 대상으로 펼쳐서 투기의 불길이 다른 곳으로 옮겨붙는 현상을 가리키는 말입니다. 정부 출범 당시의 기대와 달리 문재인 정부는 부동산 정책에서 최악의 성적을 거둔 셈입니다. 더불어민주당이 재집권에 실패한 것도 문재인 정부의 부동산 정책 실패 탓이 큽니다. 짐작건대 문재인 대통령도 상황이 이렇게 전개되리라고는 예상하지

4장 투기와 불로소득은 왜 나쁠까?　**57**

못했을 테지요. 문재인 정부가 부동산 정책에서 참담한 실패를 맛본 이유는 투기의 실체를 제대로 파악하지 못한 데 있지 않을까 생각합니다.

투기란 사용 목적이 아니라 시세 차익을 목적으로 어떤 물건을 사고파는 행위를 가리킵니다. 따라서 투기수요는 일반적인 수요와 성질이 다릅니다. 일반적인 수요의 경우 수요량은 가격과 역(-)의 관계에 있지만, 투기수요의 수요량은 가격과 정(+)의 관계에 있습니다. 즉, 가격이 올라가면 수요량이 올라가고, 가격이 내려가면 수요량도 내려가는 것입니다. 이는 수업 시간에 배우는 '수요의 법칙'과 반대되는 현상입니다. 수요의 법칙에 따르면, 가격이 올라갈 때 수요량은 내려가고 가격이 내려갈 때 수요량은 올라갑니다. 투기수요는 이 법칙에 반대되는 특수한 성질을 갖기 때문에 가수요라고 부르기도 합니다.

공급이 고정된 물건을 두고 투기가 일어나면, 가격 상승이 수요량을 늘리고, 늘어난 수요량은 더 많은 가격 상승을 불러오기 때문에 이를 잠재우기가 매우 어렵습니다. 어찌 보면 투기는 '괴물'과도 같은 존재입니다. 우리에 가둬놓고 있을 때는 아무것도 아니지만, 우리를 탈출하면 도로 집어넣기 어렵습니다. 문재인 정부가 부동산 정책에서 실패한 것은 부동산 투기가 괴물과 같은 존재임을 인식하지 못했기 때문입니다. 상대는 괴물인데 정부는 '찔끔' 정책과 '핀셋' 정책으로 대응했으니 잡을 수가 없었지요. 문재인 정부는 부동산 정책이란, 시장을 적당히 '마사지'하고(가격이 올라가지도 않고 내려가지도 않게 관리한다는 뜻) 거기에 약간의 주거복지를 더하는 것이라 여겼습니다. 그래서 투기 차단에 효과가 큰 보유세는 '찔끔찔끔' 강화하고 투기 억제 정책은 마치 '핀셋'으로 가시를 뽑듯이 일부 지역에만(국지적으로) 시행했습니다.

▌투기는 왜 일어날까?

이처럼 괴물과 같은 부동산 투기가 일어나는 원인은 무엇일까요? 세 가지 정도를 꼽을 수 있겠습니다. 실제로 부동산 투기는 이 세 가지가 결합해 작용할 때 일어납니다.

첫째, 모든 사람의 마음속에는 땀 흘리지 않고 불로소득을 누리려는 탐심이 들어있습니다. 로또나 복권에 사람들이 몰리는 이유를 생각해보십시오. 이 탐심을 거스를 수 있는 사람은 거의 없습니다. 사실 불로소득만큼 짜릿한 일은 없지요. 그래서 불로소득을 얻을 수 있는 곳이 있으면 전문 투기꾼뿐만 아니라 보통 사람들도 줄지어 뛰어듭니다.

둘째, 화폐경제와 금융이 발달한 곳에서는 투기에 쓸 '실탄'이 과잉 공급되는 경우가 종종 생깁니다. 여기서 실탄이란 시중에 유통되는 화폐를 가리킵니다. 언론에서는 흔히 '유동성'이라고 부르지요. 사람들이 아무리 탐심을 갖고 있더라도 실탄이 없으면 투기에 나설 수 없습니다. 정부가 경기 부양을 위해 통화 공급을 늘릴 때, 금융기관이 대출을 너무 많이 해줄 때, 해외에서 자금이 유입될 때, 유동성은 과잉 공급됩니다. 생산 방면에 활력이 있어서, 넘치는 유동성이 생산 쪽으로 흘러간다면 투기는 일어나지 않겠지요. 그러나 생산 방면에 갈 곳이 마땅치 않을 경우, 유동성은 부동산 시장으로 흘러갑니다.

셋째, 사람들의 마음속에 불로소득을 바라는 탐심이 있고 또 유동성이 과잉 공급되더라도, 실제로 물건의 가격이 올라가지 않으면 투기는 일어나지 않습니다. 그런데 경제 내부의 사정, 즉 시장 근본 요인fundamental에 의해 현재 가격이 상승하고 그 상승세가 얼마 동안 지속하면, 사람들은 미래 가격도 상승할 것이라 예상합니다. 토지의 현재 가격을 상승시키는 시장 근본 요인은 경제성장과 인구 증가 등입니다. 경제가 성장하고 인구가 증가하는 나라에서는 토지가격도 상승하는 경향이 있습니다. 경제성장과 인구 증가가 현재 가격을 전반적으로 상승시키는 요인이라고 한다면, 개발계획의 발표, 도로·철도·지하철의 건설, 새로운 자원의 발견 등은 현재 가격을 특정 지역에서 국지적으로 상승시키는 요인입니다.

미래 가격 상승에 대한 전망이 점점 확산하여 시장을 지배하게 되면 마침내 투기가 시작되지요. 이렇게 사용 목적의 실수요에 불로소득을 노리는 투기 수요가 더해지면, 현재 가격은 전보다 더 빠른 속도로 상승합니다. 이를 지켜보는 사람들은 미래 가격도 전보다 더 빠른 속도로 상승할 것이라고 예상합니다. 그러면 투기는 격화하고 투기에 뛰어드는 사람도 많아집니다. [현재 가격의 상승 → 미래 가격의 예상치 상승 → 투기 → 현재 가격의 더 빠른 상승 → 미래 가격의 예상치 상승 → 더 심한 투기 → …]의 악순환이 이어지는 셈입니다.

토지는 다른 어떤 물건보다도 투기의 제물이 되기 쉽습니다. 가격이 오를 때 공급을 늘릴 수 없기 때문입니다. 가격이 오를 때 공급을 늘릴 수 있는 물건의 경우, 가격 상승에 맞춰 공급이 늘기 때문에, 일시적으로 투기가 일어나더라도 시간이 지나면 가격 폭등세가 진정되고 투기도 수그러듭니다. 앞서 말한 악순환이 이어지지 않습니다. 하지만 토지는 가격이 오르더라도 공급이 늘지 않기 때문에 투기가 가격 폭등을 부르고, 가격 폭등이 미래 가격 예상치를 폭등시키고, 미래 가격 예상치의 폭등이 다시 투기를 부르는 악순환이 상당 기간 반복됩니다. 이 경우 투기는 자연적으로 사라지지 않고, 가격을 계속 폭등시키다가 경제의 다른 분야에 엄청난 타격을 가한 후에야 소멸합니다. 20세기 말경부터 전 세계 여러 나라에서 일어난 금융위기는 대부분 부동산 투기 때문에 일어난 경제적 재앙입니다.

투기 열풍이 불 때, 그리고 그 열풍이 사라질 때 사람들이 보이는 행태는 특별합니다. 투기 열풍이 불어서 부동산값이 폭등하면 부동산을 사려고 몰려드는 사람들도 폭증합니다. 투기 열풍은 갑자기 흔적도 없이 사라지기도 하는데, 그때는 보유 부동산을 팔지 못해 안달하는 사람들이 늘어납니다. 어떤 경제학자는 이런 행태를 '떼로 몰려다니기'herd behavior라고 불렀습니다. 사람들의 모습이 아프리카 평원에서 떼 지어 몰려다니는 동물들과 비슷하다는 것이겠지요.

노벨경제학상을 받은 로버트 실러Robert J. Shiller, 1946~는 부동산값 폭등기에 사람들이 수단·방법을 다 동원해 부동산 매입에 나서는 현상에 '비이성적 과열'이라는 이름을 붙였습니다. 합리성을 잃은 과열 상태에서 무조건 부동산을 매입하려는 경향은 얼마 전 한국 사회에서도 나타났지요. 수강료가 천만 원 정도 되는 부동산 강좌에 사람들이 몰려들고, 유명 강사가 어떤 아파트 단지를 찍어주면 그 아파트 가격이 폭등하고, 자칭 부동산 전문가의 안내로 수십 명이 버스를 타고 다니며 '아파트 매입 투어'를 벌이는 등 건전한 상식을 가진 사람으로서는 도무지 이해할 수 없는 일이 일어났습니다. '패닉 바잉'panic buying(가격 상승·물량 부족에 대한 불안감으로 무리하게 구매하는 것) 현상이 나타나고 심지어 '영끌 구매'(영혼까지 끌어모아 집을 산다는 뜻)라는 신조어까지 등장했지요. 이 모든 현상은 한국 사회가 비이성적 과열 상태에 빠졌음을 보여줍니다.

김윤상 경북대 명예교수는 평화뉴스 2022년 1월 31일자 칼럼에서 부동산 시장이 기본적으로는 보수적이라고 주장합니다. 거래 대상의 덩치가 크고 원하는 시기에 팔기도 어려워서 시장 참가자들이 쉽사리 움직이지 않는다는 뜻입니다. 하지만 어떤 계기로 시장에 일단 불이 붙으면 사정이 달라집니다. 불로소득을 가능한 한 많이 얻기 위해, 또는 가만히 있으면 영원히 내 집 마련이 어렵겠다는 생각에 가수요가 폭증합니다. 김윤상 교수는 전자를 '투기적 가수요', 후자를 '영끌 가수요'라고 부릅니다. 최근 몇 년 사이에 한국 사회에 불어닥친 가수요 바람은 전자에 후자가 더해졌다는 점에서 매우 특징적입니다.

▌투기의 열매

사회가 한번 이런 과열 상태에 빠지고 나면 나중에 반드시 쓰라린 열매가 따라옵니다. 이는 마치 마약 복용자가 약 기운이 떨어진 후 처참한 상태에 빠지는 것과 같습니다. 한정 없이 올라가서 불로소득을 안겨 줄 것으로 보였던 부동산값이 정체하다가 마침내 떨어지는 시기가 오기 때문입니다. 투기 국면에서 형성된 부동산 가격의 거품은 언젠가는 터집니다. 이때부터는 '패닉 셀링'panic selling이 시작되고 부동산값 하락은 가속화합니다. 그러면 투기 장세의 부동산값을 기준으로 이뤄진 금융기관 대출이 갑자기 부실화합니다. 이는 금융위기로 이어지고, 자칫하면 경제 전체에 위기가 찾아옵니다. 2010년대 초 한국에서 부동산값 상승을 전제로 추진되던 대형 개발 사업이 속속 중단되자 여기에 돈을 댄 저축은행들이 줄줄이 도산한 경우가 대표적 사례입니다. 2008년 미국에서 서브프라임 사태라 불리는 초대형 금융위기가 발발한 것도 주택가격 상승기에 저소득층에게까지 마구 해준 주택담보대출(모기지론)이 주택가격 하락으로 갑자기 부실화했기 때문입니다.

부동산 투기는 금융위기를 초래할 뿐만 아니라 경제적 효율성을 떨어뜨리기도 합니다. 경제적 효율성이란, 같은 노력으로 최대의 성과를 올리거나 같은 성과를 최소의 비용으로 이룩하는 상태를 가리키는 말입니다. 부동산 투기가 노동자의 노동 의욕과 기업인의 기업심(기업을 경영하려는 정신)을 떨어뜨린다는 사실은 앞에서도 말했습니다. 부동산 소유자들도 토지를 활용해 수익을 올리기보다는 적당한 시기에 팔아 시세 차익을 얻을 생각에 토지를 최선의 용도에 투입하려 하지 않습니다. 이처럼 생산요소 소유자들이 생산활동에 열심을 내지 않을 경우, 경제적 효율성은 기대하기 어렵습니다. 게다가 부동산 투기로 땅값이 오르면 경쟁력을 갖춘 사람들의 창업이 어려워집니다. 높은 땅값 때문에 경쟁력을 갖춘 이들이 아예 생산활동에 참여할 수 없게 되니, 이 또한 효율성을 떨어뜨리는 원인이 됩니다. 또 금융기관들이 기업에 대출해줄 때 사업의 수익성보다 담보(채무자가 빚을 못 갚을 경우를 대비해 제공하는 수단)의 안정성을 기준으로 하기 때문에 자금 배분의 효율성도 기대하기 어렵습니다. 사업을 잘해서 높은 수익을 올릴 수 있는 기업이어도 담보용 땅이 없으면 대출을 못 받고, 땅이 있는 기업은 바로 그 이유만으로 쉽게 대출받을 수 있기 때문입니다. 대출을 쉽게 받은 기업이 자금을 최선으로 사용한다는 보장은 전혀 없습니다.

부동산 투기가 국민의 정신에 미치는 영향은 더 심각합니다. 처음에는 정보에 밝고 눈치 빠른 소수가 땅과 집을 사고팔고 해서 돈을 벌지요. 남보다 약간 민첩하면 엄청난 돈을 벌 수 있다는 사실이 알려지면서 너도나도 부동산 시장에 뛰어듭니다. 부동산을 둘러싼 불법과 편법이 난무합니다. 물론 부동산 시장 참가자 전원이 '성공'하는 것은 아닙니다. 그중에는 '대박'을 칠 사람도 있고 낭패를 볼 사람도 있겠지요. 한편, 하루하루 살아가기 힘들어서 그런 일은 꿈도 못 꾸는 사람들도 있습니다. 이들은 부동산으로 손쉽게 돈 버는 사람들을 지켜보면서 처음에는 분노하고, 좀 지나면 '내 신세가 왜 이래?'라며 자학하고, 나중에는 그들을 부러워합니다. 마침내 모든 국민이 부동산에 포박捕縛된 상태에 빠집니다. 포박된다는 것은 잡혀서 묶인다는 뜻입니다. 이를 악용해 투기 심리와 탐욕을 더 부추기는 정치인도 등장합니다. 서서히 국민의 마음속에 부패를 묵인하고 당연시하는 심리가 자리 잡습니다.

"국민이 부패한 나라는 되살아날 길이 없다."

헨리 조지의 말입니다.

▌불로소득을 얻으면 행복해질까?

땀 흘려 번 돈은 아껴 쓰고, 쉽게 번 돈은 허비하기 쉽다는 말이 있습니다. 사실인지 확인할 길은 없지만, 복권 당첨자들 가운데 당첨금을 오래 유지하는 경우가 드물다는 이야기를 생각하면 근거가 있어 보입니다. 우리 자신의 내면을 들여다보면, 쉽게 번 돈이나 거저 받은 돈을 가벼이 여기는 마음이 있음을 확인할 수 있습니다. 하지만 땀 흘려 버는 돈을 가볍게 여기는 사람은 없습니다. 돈을 쓸 때마다 자기가 들인 노력과 희생이 머릿속에 떠오르기 때문이겠지요.

거액의 로또 당첨금을 탄 사람이 갑자기 종적을 감추는 일이 있다고 합니다. 염치없이 구걸하는 거지 같은 사람과 감언이설로 돈을 긁어내려는 사기꾼이 사방에서 달려들기 때문입니다. 가족들도 그를 사랑하기는커녕 자신들에게 돈을 주거나(증여) 상속해줄 존재로밖에 여기지 않게 됩니다. 자기 돈을 노리고 접근하는 자들에게 거절의 뜻을 비치면 '공짜로 생긴 돈 좀 주면 어때서 그러느냐'라며 비난하기 일쑤입니다.

앞에서 불로소득을 얻는 일만큼 짜릿한 건 없다고 했습니다. 그러나 탐욕에 이끌려 저지르는 모든 행위가 그렇듯이 불로소득을 추구해서 부를 일구면 반드시 좋지 못한 결과가 따라옵니다. 불로소득을 얻는 본인은 물론이고 가족들의 심성이 서서히 파괴되는 것입니다. 이타심, 애국심, 겸손, 친절 등의 성품은 자취를 감추고, 이기심과 교만이 심성을 지배합니다. 그렇다고 스스로 행복하지도 않습니다. 돈 때문에 가족 관계에도 문제가 생깁니다. 헨리 조지는 이 현상을 예리하게 지적한 바 있습니다.

"정당하지 않은 부를 소유하는 것 역시 인간의 고귀한 품성을 억누르고 왜곡합니다. 하느님의 명령에는 면책이 없습니다. 노동으로 자신의 빵을 벌어들이는 것이 하느님의 명령이라면, 일하지 않고 부유하게 사는 자는 벌을 받아야 마땅합니다. 또 실제로도 벌을 받고 있습니다. 쾌락을 위해 사는 인생의 공허함을 보십시오. 사방이 빈곤한 가운데 자신만 부유함에 젖어 역겨운 부도덕 속을 헤매는 모습을 보십시오. 빈곤층은 이해조차 할 수 없는 권태라는 벌을 받고 있는 모습을 보십시오. 부유층 속에 자라는 비관론을 보십시오. 하느님을 외면하고 인간을 경멸하며, 존재 그 자체를 악으로 규정하고, 죽음을 두려워하면서도 자신의 파멸을 소원하고 있습니다."(『노동 빈곤과 토지 정의』, 100쪽)

불로소득을 얻는 사람들도 잘못 취득한 부로 인해 인생이 망가지고 있음을 느낍니다. 그러나 그들은 문제의 근본 원인을 해결하려고 하지 않습니다. 가진 재산과 호화로운 삶을 포기할 생각도, 용기도 없기 때문입니다. 그래서 그들은 인생을 마감하는 순간까지 불로소득과 불로자산의 무게에 짓눌려 힘들게 살아갑니다. 불로자산이란 불로소득으로 만든 자산을 뜻합니다.

불로소득이 거대한 규모로 발생하는 경우, 소득과 자산의 분배는 악화하고 저소득층은 빈곤의 나락으로 떨어집니다. 이때 발생하는 빈곤은 부당한 빈곤입니다. 부당한 부가 부당한 빈곤을 동반하는 것입니다. 잘 알다시피 빈곤은 단지 물질의 결핍으로 끝나지 않고 인간의 고귀한 품성을 억누르고 왜곡합니다. 그런데 그 빈곤이 게으름이나 무능으로 생긴 것이 아니라면, 그로 인한 인간 심성의 파괴는 더욱 심각할 것입니다. 빈곤층은 물질의 결핍에 대한 두려움과 함께 좌절감, 분노, 질시 등에 매여 평생 힘겹게 살아갑니다.

인간 심성에 미치는 영향이라는 관점에서 볼 때, 불로소득은 부자와 빈자 모두를 고통에 빠뜨립니다. '불로소득을 허용하면 안 된다'라고 말하면 부자를 벌주고 빈자를 일방적으로 옹호하는 것으로 여기지만, 그렇지 않습니다. 불로소득을 차단하는 것은, 부당한 부로 인해 부자와 빈자가 같이 겪는 고통의 굴레를 끊는 일입니다. 불로소득을 차단·환수하는 사회개혁을 추진할 때 빠지기 쉬운 함정은 불로소득을 얻는 부자들을 보통 사람들보다 악하고 탐욕스럽다고 여기는 것입니다. 하지만 생각을 이렇게 바꿔보면 어떨까요? 부자들은 '부패한 제도 아래 살아야 한다면 제도의 희생자가 되기보다는 수혜자가 되는 것이 더 낫다'라는 격언을 따르고 있다고 말입니다.

5장

인류는 토지를 어떻게 다뤄왔을까?

　오늘날의 토지제도는 흔히 근대적 토지소유라고 불립니다. 일물일권적一物一權的 토지소유 혹은 배타적 토지소유라고 불리기도 하지요. 이 개념은 중세 봉건사회의 중층적 토지소유와 대조됩니다. 여기서 '근대'라는 말은 얼마 지나지 않은 가까운 시대라는 뜻으로, 경제적으로는 자본주의 시대를 의미합니다. '중층적'이라는 말은 여러 겹이라는 뜻입니다. 중세 봉건사회에서는 한 토지에 여러 겹의 권리가 동시에 성립했습니다. 영주의 소유권과 농민의 점유권(물건을 사실상 지배할 때 주어지는 권리)이 겹쳐 있었는가 하면, 그 위에 상급 영주(또는 상급 영주의 상급 영주)의 권리까지 더해졌습니다. 물론 각 권리의 성격과 강

도에는 차이가 있었지요. 반면에, 자본주의 경제체제와 함께 등장한 근대적 토지소유 아래에서는 한 토지에는 다른 사람들의 권리를 배제할 수 있는 하나의 소유권이 성립하는 것이 원칙입니다.

인류의 경제생활이 어떻게 변천해 왔는지 연구하는 경제사학자들은 근대적 토지소유를 자본주의 사회에서만 볼 수 있는 지극히 근대적인 현상으로 취급합니다. 또 그것을 역사의 진보라고 믿는 듯합니다. 그들에게 근대적 토지소유 없는 자본주의 사회란 생각하기 어렵습니다. 경제사학에서는 흔히 인류의 역사를 [원시공산제 → 고대 노예제 → 중세 봉건제 → 근대 자본주의]의 단계로 구분합니다(물론 이런 구분은 유럽 역사를 중심으로 한 것이기 때문에 세계 역사에 보편적으로 적용할 수 없다는 견해도 있음). 다수의 경제사학자는 최초의 단계인 원시공산제에서는 토지공유제가 원칙이었고 근대 자본주의 사회에서는 토지사유제가 원칙이므로, 역사는 토지 공유에서 토지 사유로 발전해 왔다고 생각합니다.

여기서 몇 가지 의문이 떠오릅니다. 근대적 토지소유는 과연 자본주의 사회에 고유한, 지극히 근대적인 현상일까요? 근대적 토지소유 혹은 토지사유제의 성립은 역사의 진보를 의미할까요? 그것은 정말로 자본주의 사회에 꼭 있어야만 하는 걸까요?

█ 원시시대의 토지제도

조지스트Georgist(헨리 조지를 따르는 사람)의 관점에서 청동기 시대 중반(BC 2000~1600년) 메소포타미아 지역의 토지제도를 연구한 마이클 허드슨Michael Hudson, 1939~은 원시시대의 토지제도에 관해 흥미로운 견해를 밝힌 바 있습니다.[2]

청동기 시대 원시 공동체의 기본 정신은 토지의 평등한 분배에 기초한 자립self-support과 그 대가로서의 공동체적 군사 의무에서 찾을 수 있습니다. 공동체 구성원은 가족을 부양할 만큼의 토지를 분배받았고, 그 대가로 군사 의무와 부역 노동을 담당하였습니다. 이렇게 분배된 생계유지용 보유지는 원칙적으로 팔 수도 없었고 타인이 빼앗을(몰수) 수도 없었습니다. 보유지의 판매나 몰수를 허용하

---

2 Michael Hudson, 1994, "Land Monopolization, Fiscal Crises and Clean Slate "Jubilee" Proclamations in Antiquity", in Michael Hudson et. al, eds., A Philosophy for a Fair Society, Shepheard-Walwyn.

면 공동체 구성원이 공동체적 의무를 다하기 어려워지기 때문이었습니다. 부채 때문에 토지를 몰수당하는 경우가 있었지만, 그것은 잠정적(한시적)이었습니다. 부득이 보유지를 파는 경우에도 친척이나 이웃들이 그 판매를 거부하거나 무를 수 있도록 하였습니다. 공동체의 토지 중 일부는 공적 기능을 담당하는 사원과 왕실의 보유지로 따로 떼놓았습니다.

이처럼 메소포타미아 지역의 원시 공동체들은 원칙적으로 생계유지용 보유지가 공동체 구성원으로부터 분리되는 것을 제한했지만, 그것이 공동체 구성원으로부터 분리되어 특정 개인들의 수중에 들어가는 사유화 경향은 이때부터 나타났습니다. 공동체 구성원과 토지의 분리는 홍수, 가뭄, 전염병, 전쟁 등을 계기로 일어나는 경우가 많았습니다. 이와 같은 사건이 발생할 때 어려움에 빠진 공동체 구성원들은 생계유지용 보유지를 저당 잡히고 빚을 얻어 쓸 수밖에 없었는데, 그로부터 토지 사유화가 시작되었습니다. 채권자는 주로 왕실의 세금 징수관이나 지방 유력자 혹은 상인이었습니다. 저당 잡은 토지를 자기 것으로 만드는 데 성공한 채권자들은 기존의 토지 보유자들을 그 땅에서 예전처럼 농사짓게 하고는 그들로부터 토지

사용료를 걷었습니다. 그러나 그들은 군사 의무, 부역 노동, 사용료 납부 등 토지 소유자가 마땅히 져야 하는 공적 의무는 극구 회피하였습니다. 그 결과 발생한 공공재정의 부족은 공동체 일반 구성원의 부담으로 돌아갔습니다.

이러한 상황은 통치자들에게는 바람직하지 않은 것이었습니다. 그들로서는 토지의 사유화로 인한 군사력과 공공재정의 약화를 방치할 수 없었습니다. 통치자들은 토지의 사유화 경향에 맞서서 부채의 탕감과 사람·토지의 원상회복을 내용으로 하는 '청산선언'Clean Slates Proclamations을 주기적으로 공포하였습니다. 이 선언은 적어도 한 세대에 한 번씩, 특히 새로운 통치자가 즉위할 때 혹은 통치자가 통치 30주년을 맞을 때 공포되었습니다.

토지를 사유화하려는 사람들과 그것을 저지하고 평등지권을 유지하여 통치의 기초를 다지고자 했던 통치자들의 투쟁은 이렇게 원시시대부터 벌어지고 있었습니다. 토지를 사유화하고자 했던 사람들은 통치자의 청산선언을 회피하기 위해 갖은 노력을 다하였습니다. 그들이 통치자를 갈아치우는 일도 종종 있었습니다. 그러나 청산선언이 효력을 발휘하는 동안에는 그들의 토지 사유화 시도는 한계를 가질 수밖에 없었습니다.

▌고대 노예제 사회의 토지제도

고전 고대(BC 750~AD 300년경)는 노예제가 지배하는 시대였습니다. 이 시대에는 평등지권이라는 이념과 토지 사유화 경향 간의 투쟁이 더욱 격렬하게 전개되었습니다. 스파르타 리쿠르구스Lycurgus의 개혁과 아테네 솔론Solon의 개혁 그리고 로마의 리키니우스법Licinius Law 등은 모두 그리스와 로마 사회의 토지 사유화 및 토지 집중 경향을 억제하기 위해 실시되었던 개혁 조치였습니다. 이 개혁 조치들 덕택에 그리스와 로마 사회는 일정 기간 번영을 누릴 수 있었습니다. 그러나 토지 사유화 경향이 다시 사회를 지배하면서 그리스와 로마는 몰락의 길로 치달았습니다.

"대토지소유로 그리스가 멸망하였고 후에는 라티푼디움이 이탈리아를 멸망시켰다."

헨리 조지의 말입니다.

로마의 형성 초기에 각 시민은 남에게 넘겨줄(양도) 수 없는 자기 보유지를 갖고 있었습니다. 마을에는 공동지가 있어서 마을 구성원들이 공동으로 사용하고 있었습니다. 즉, 각 시민은 토지에 대한 평등한 권리를 누리고 있었던 겁니다. 그러나 도시국가로 출발했던 로마는 수백 년에 걸친 정복 전쟁을 통해 대제국으로 발전하였습니다. 그 와중에서 각 시민이 평등지권을 누리는 상태가 계속 유지될 수는 없었습니다.

정복 전쟁이 전개되는 가운데 귀족층은 토지를 집중하여 대지주가 되었던 반면, 로마군대의 중심이었던 자유농민은 자기 보유지를 잃고 몰락해 갔습니다. BC 5~4세기의 이탈리아반도 공략기에는 일반 농민도 정복 지역 토지를 분배받을 수 있었습니다. 정복한 토지의 1/3~2/3는 공유지로 편입하고, 나머지 토지는 피정복민에게 남겨두어 공조(세금)를 바치게 하거나 참전 농민에게 분배했던 것입니다. 그러나 BC 4세기 중엽 이후에는 귀족에 의한 공유지 사유화가 급속히 진행되었습니다. 자신들이 전쟁 비용을 부담하니 공유지를 분배해 달라고 한 귀족의 요구가 받아들여진 것입니다.

귀족층이 토지를 집중해 갔던 것과는 대조적으로 자유농민들은 장기간의 참전으로 토지가 황폐화하고 빚이 늘어나면서 보유지를 상실하였습니다. 더욱이 드넓은 정복지에서 공조로 걷은 농산물이 대량 유입되면서 자유농민의 몰락은 더욱 가속화되었습니다. 저 유명한 라티푼디움 Latifundium(고대 로마의 대토지소유제도), 즉 노예 노동에 의한 대토지 경영은 이렇게 성립되었습니다. 로마의 귀족들은 전통적으로 토지 보유자가 마땅히 져야 했던 공적 의무를 면제받기 위해 갖은 노력을 다했습니다. 조세는 부자에게 유리하게, 빈자에게 불리하게 작용하는 역진적(부자가 빈자보다 상대적으로 세금 부담이 적음) 성격을 띠게 되었고, 빈부 격차는 날로 확대되었으며, 국가 재정은 고갈되어 갔습니다. 앞에서 근대적 토지소유라고 부른 토지사유제는 로마 시대에 완전한 꽃을 피웠습니다.

헨리 조지는 토지에 대한 평등한 권리가 사라지고 특권 지주층이 형성된 원인을 세 가지로 요약합니다. 첫째, 소수 권력자 또는 군부로의 권력 집중, 둘째, 정복 전쟁, 셋째, 성직자 계층 및 전문 법률가 계층의 형성과 영향력입니다. 로마는 이 세 가지 요인이 모두 작용한 전형적인 사례입니다. 토지사유제 정신은 로마법에 기록되었는데, 그것이 근대법이라는 이름으로 오늘날까지 계승되고 있습니다. 이와 같이 로마 사회에서 토지사유제가 활짝 피어난 결과는 결국 제국의 몰락이었습니다.

▎중세 봉건사회의 토지제도

로마가 평등지권을 부정하여 몰락의 길을 걸어가던 무렵 북쪽의 게르만 부족은 여전히 그 정신을 간직하고 건강한 상태를 유지하고 있었습니다. 로마 제국이 소수의 게르만족에게 멸망 당한 것을 이상하게 여기는 사람들이 있지만, 거기에는 충분한 이유가 있었던 셈입니다. 헨리 조지가 『진보와 빈곤』에서 인용한 드 라블레이^{Emil L. V. de Laveleye}의 문장은 게르만족에 의한 로마 정복의 본질을 정확하게 짚어냅니다.

"게르만족의 마을에는 핵심적인 권리로서 자유가 보장되었고, 그 결과 부족 내 모든 가족의 가장이 공동토지를 사용할 수 있는 평등한 권리를 공유하고 있었다. 절대적 평등이 보장된 이런 체제는 각 개인에게 뚜렷한 영향을 미쳤으며, 소수의 야만족이 어떻게 뛰어난 행정, 완벽한 통치, 글로 된 이성이라 불리는 시민법을 갖춘 로마 제국을 정복할 수 있었는지 설명해 준다."(『진보와 빈곤』, 379쪽)

봉건사회는 토지에 대한 절대적 사유 이념과 평등지권

이념이 혼합된 사회였습니다. 로마 제국의 유제(예로부터 전하여 오는 제도)와 게르만 부족의 전통이 결합한 셈이지요. 흔히 봉건사회라고 하면 장원의 지배자인 영주와 그들에게 신분적으로 예속된 농노農奴를 떠올립니다. 영주는 상급 영주로부터 분배받은 공권력을 배경으로 농노로부터 지대를 징수할 수 있었습니다. 농노의 지대 납부는 신분적 예속 상태에서 이뤄졌습니다. 농노는 영주가 임명한 장원 관리인의 채찍을 맞으며 노동하였고, 토지에 묶여서 마음대로 장원을 떠날 수도 없었으며, 자기의 재산이라도 자유롭게 처분할 권리를 갖지 못했습니다. 경제사학에서는 이를 '경제외적 강제'라고 부릅니다. 계약과 같은 경제적 관계에서 이뤄진 행위가 아니라는 뜻입니다. 농노는 노예처럼 완전히 영주의 소유물은 아니었지만, 영주에게 신분적으로 예속되어 있었습니다. 영주와 농노 간의 신분적 지배·예속 관계는 토지에 대한 절대적 사유를 연상시킵니다.

그러나 그것이 전부라고 생각해서는 곤란합니다. 봉건 사회에는 평등과 정의의 정신이 뚜렷하게 각인되어 있었기 때문입니다. 아무리 높은 사람이라 할지라도 의무의 수행을 조건으로 하지 않는 특권을 누릴 수 없었고, 아무리 낮은 사람이라 할지라도 아무런 권리 없이 봉사만 하지는 않았습니다. 봉건사회에서 토지는, 적어도 이론상으로는, 개인이 아니라 사회 전체에 속했습니다. 누구도 토지에 대해 절대적·배타적 권리를 행사할 수 없었습니다. 영주들이 갖고 있던 봉토封土는 상급 영주(결국은 사회)가 신탁한 것이었기 때문에, 그들은 봉토를 갖는 대신 상급 영주나 사회에 대해 일정한 의무를 져야 했습니다. 토지를 차지하는 일이 허용되었지만, 거기에는 항상 의무가 따라붙었고, 토지에서 수입을 얻는 자는 반드시 상응하는 대가를 내야 했습니다.

그리하여 군주의 토지는 오늘날 국민 일반이 부담하는 공공 경비를, 교회의 토지는 예배에 드는 비용·병약자를 돌보는 비용·성직자 계층을 지원하는 비용 등을, 군대 토지는 국방에 드는 비용을 조달할 수 있었습니다. 봉건사회에는 토지는 개인의 사유물이 아니라 공동의 재산이라는 인식이 분명히 존재했습니다. 영주는 자신의 토지에서 농노로부터 지대를 받았으나 동시에 농노를 보호할 의무도 지고 있었습니다. 영주와 농노의 관계는 일방적인 수탈 관계가 아니었던 셈입니다. 더욱이 영주의 토지 소유권은 공동지의 존재에 의해서도 제한을 받았습니다. 공식

적으로 영주는 장원 내 모든 토지의 소유자였지만, 공동
지에 대해서만큼은 소유권을 행사할 수 없었습니다. 공동
지는 사실상 공동체 구성원 모두의 소유였습니다.

요컨대 봉건사회는 신분적 차별성과 평등과 정의의 정
신이 결합해 이루어진 사회였습니다. 이 두 가지 요인이
쇠퇴하자 봉건사회도 붕괴의 길로 나아갔습니다. 한편으
로 농노들은 신분적 예속과 봉건적 부담에서 서서히 벗어
나면서 사회경제적 지위가 상승했고, 이러한 흐름을 되돌
리려던 영주들과 충돌하여 유럽 각지에서 농민반란을 일
으킴으로써 영주의 지배체제에 타격을 가했습니다. 농노
들이 봉건적 속박에서 벗어날 수 있었던 지역에서는 중산
적 농민층이 광범위하게 생겨났습니다. 이들은 약간의 지
대를 부담할 뿐 영주의 신분적 지배에서는 벗어나 있었
고, 생산물의 상당 부분을 시장에서 판매하기도 했습니
다. 그래서 중산적 농민층을 독립 자영 농민층이라고 부
르기도 합니다. 이들이 나중에 위아래로 나뉘어 자본주의
를 구성하는 자본가와 임금노동자가 되었기에, 경제사학
자들은 근대 자본주의의 기원을 이들에게서 찾습니다. 중
산적 농민층으로부터 자본주의를 구성하는 두 계급이 출
현했기 때문입니다.

다른 한편으로 토지 보유에 따라붙던 각종 의무도 사라지기 시작하였습니다. 인클로저 운동Enclosure Movement은 그 결정적인 계기였습니다. 인클로저라는 말은 '울타리 치기'라는 뜻을 갖는데, 공동권이 행사되던 토지에 울타리를 치고 사유지로 선언하는 것입니다. 인클로저 운동은 농민 보유지와 공동지를 가리지 않고 진행되었습니다. 지주들이 여기저기서 울타리를 치면서 수많은 농민이 오랜 세월 경작해온 토지에서 추방당하게 되었고, 농민들이 공동으로 사용하던 공동지도 사라지기 시작했습니다. 인클로저에 성공한 지주들은 어떤 의무도 지지 않은 채 울타리 친 토지를 자신의 사유지라고 주장할 수 있었습니다. 중세 시대 토지제도 속에 남아 있던 평등과 정의의 정신이 사라지고, 대신에 토지사유제가 자리 잡은 것입니다. 영주의 신분적 지배가 쇠퇴하고 토지제도에 들어있던 평등과 정의의 정신이 사라지자, 그 둘을 양대 축으로 하던 봉건사회도 자연히 무너질 수밖에 없었습니다.

▌근대 자본주의 사회의 토지제도

근대 자본주의 사회는 봉건사회의 신분적 차별성을 불

식하였다는 점에서 분명히 하나의 진보였습니다. 대신 신분적 자유를 전면적으로 허용함으로써 유례없는 생산력의 발전과 사회의 진보를 이룩할 수 있었습니다. 그러나 자본주의는 신분적 차별성을 불식하면서 봉건사회가 갖고 있던 중요한 장점, 즉 평등과 정의의 정신을 함께 내다 버렸습니다. 목욕물을 버리면서 아기도 같이 버린 꼴이었지요.

토지제도와 관련해 말하자면, 근대 자본주의 사회의 토지제도 하에서는 그 이전까지 어떤 형태로든 존재해 온 '토지에 대한 평등한 권리' 혹은 '토지의 공동소유'라는 요소는 설 자리를 잃어버렸습니다. 지주들은 아무런 의무나 제한도 받지 않고 토지 소유권을 행사할 수 있게 되었고, 다른 사회구성원들의 토지권은 철저히 부정되었습니다. 노동자들은 봉건적 속박에서는 해방되었지만, 토지사유제가 가하는 새로운 속박에 얽매이게 되었습니다. 근대 자본주의 사회가 이룩한 정치적 자유도 이 새로운 속박을 막지는 못했습니다.

오랜 세월 존속되어 온 인류 역사의 귀중한 유산인 평등지권 정신이 근대 자본주의 사회에 들어와 사라진 이유는 무엇일까요? 헨리 조지는 다음의 두 가지를 제시합니다. 첫째는 문명이 발달하면서 토지제도의 중요성이 외관상 불분명해졌고, 그 때문에 토지사유제에 들어 있는 본질적 불의에 대한 관심도 줄어들었다는 것입니다. 둘째는 근대 법학의 근원인 로마법에서 이어받은 토지의 절대적 소유라는 법적 개념이 확립됨으로써 토지 재산권과 다른 재산권 사이의 자연적 구분이 점차 사라졌다는 것입니다.

앞서 지적했듯이 근대 이전에 공공 경비는 기본적으로 토지에서 조달되었습니다. 조세를 걷기도 했지만, 일반 시민에게 세금을 걷는 것이 아니라 점령지에서 공납을 징수하는 경우가 많았습니다. 따라서 조세를 낸다는 것은 자유 없는 피정복민이라는 의미였습니다. 또 비상시에 부과되는 조세가 있기는 했지만, 그것도 일반 시민에 대한 보편 과세가 아니라 부유층에게 걷는 특별 조세였습니다. 부유층은 특별 조세를 부담하는 대신 사회적 명예를 얻을 수 있었습니다.

각각의 공공 활동에는 고유한 공공 수입의 원천이 정해져 있었습니다. 앞에서 중세 봉건사회를 살펴볼 때 언급한 것처럼 그 원천들은 대부분 토지였습니다. 토지에서 공공 경비를 조달했기 때문에 원칙적으로 다른 조세는 부과할 필요가 없었습니다. 오늘날과 같이 공공 수입과 공공 지출을 각각 통합적으로 운영하는 포괄예산comprehensive budget은 존재하지 않았습니다. 또 공공부채도 발생하지 않았습니다. 토지사유제가 성립하고 토지가 공공 수입의 원천에서 빠지면서 노력소득에 대한 조세와 각종 간접세가 본격적으로 부과되기 시작했고, 포괄예산과 공공부채가 등장하였습니다. 자본주의 국가들이 공공부채의 누적과 재정 위기에 시달리게 된 것은 이때부터입니다. 일반 납세자들의 부담(예를 들면 판매세, 각종 소득세, 사회보장 부담 비용 등)도 지속적으로 증가했습니다.

공공재정의 위기 외에도 토지사유제의 발달이 자본주의 사회에 끼친 해악은 여럿입니다. 토지투기, 주기적 불황, 실업, 진보 속의 빈곤, 환경 파괴 등이 대표적입니다. 토지사유제의 해악에 대해서는 2부에서 상세히 살펴보기로 하고, 여기서는 변화의 본질에 대한 헨리 조지의 날카로운 지적을 소개하는 것으로 그치겠습니다.

"봉건시대 이후 근대문명은 토지의 공동소유라는 자연적이고 근본적인 관념을 뒤집는 방향으로 전개되었다. 역설적이지만, 봉건적 굴레로부터의 해방과 더불어 생긴 새로운 토지소유제도에 의해 노동계층이 예속되는 경향이 발생하였다. 이 제도가 문명세계 전체를 쇠로 만든 멍에처럼 얽어매고 있음을 점점 분명하게 감지할 수 있다. 정치적인 힘이나 개인적 자유의 신장에 의해서는 이 멍에를 벗어날 수 없다. 정치경제학자들은 이 멍에를 자연법칙의 압력이라고 오해하고 있고, 노동자층은 이를 자본의 압박이라고 오해하고 있다."(『진보와 빈곤』, 384쪽)

이상에서 토지제도의 긴 역사를 개관한 내용을 종합하면, 근대적 토지소유, 즉 토지사유제는 결코 자본주의 사회에 고유한 근대적 현상이라고 보기 어렵습니다. 또 역사는 토지 공유에서 토지 사유로의 발전이라는 경로를 거쳐온 것도 아닙니다. 원시시대부터 토지 사유화의 경향은 나타났으며, 특히 고대 로마에서는 토지사유제가 제도적으로 확립되어 꽤 발달하기도 했습니다. 토지제도는 공유에서 사유로 발전해 온 것이 아니라, 공유와 사유가 뒤얽혀 갈등하는 형태로 전개되었습니다. 사유가 공유를 누르고 발전할 때 사회는 쇠락의 길로 나아갔습니다. 토지사유제가 근대 자본주의 성립의 필수적 전제 조건이라는 견해는 논리적으로나 실증적으로 입증된 적이 없습니다. 하지만 토지사유제가 자본주의 사회에서 주기적 불황, 실업, 진보 속의 빈곤, 환경 파괴 등의 심각한 사회경제 문제들을 일으킨다는 사실은 얼마든지 입증할 수 있습니다. 오늘날, 많지는 않지만, 토지의 공동성과 평등지권을 인정하는 제도를 부분적으로 채택하고도 자본주의 경제를 근사하게 발전시킨 사례도 존재합니다. 그런데도 왜 사람들은 토지사유제가 빠진 자본주의를 마음에 그리지 못하는 걸까요?

2부

헨리 조지와 함께 풀어보는 '우리 시대의 수수께끼'

6장

헨리 조지는 누구일까?

1부 여러 곳에서 헨리 조지의 말을 인용했습니다. 독자들은 제가 헨리 조지 사상을 추종하고 있음을 알아차렸을 것입니다. 예, 맞습니다. 저는 약 25년 동안 헨리 조지 사상을 연구하고 그의 대안을 정책으로 실현하기 위해 운동을 벌여 온 조지스트 경제학자입니다. 한국경제사를 전공해 박사학위를 받은 다음, 학자로서 의미 있는 삶을 살려면 어떤 연구를 해야 할지 고민하는 가운데 헨리 조지를 만났습니다. 제법 긴 공부 끝에 그의 이론이 옳다는 확신이 생기면서 조지스트의 길을 걷게 됐지요.

▌헨리 조지의 매력

제가 헨리 조지 사상에 매료된 데는 몇 가지 이유가 있습니다.

첫째, 헨리 조지는 사상과 삶이 일치하는 사람이었습니다. 그가 『진보와 빈곤』이라는 불후의 명저를 펴낸 것은, 스스로 극심한 가난을 겪었고 물질적 번영을 구가하던 미국 사회에서 끔찍한 가난을 직·간접적으로 목격했기 때문입니다. 헨리 조지의 경제학 연구는 현실의 경제문제를 해결하려는 데서 출발했던 것입니다. 『진보와 빈곤』, 『사회문제의 경제학』, 『노동 빈곤과 토지 정의』 등의 저서에서 그는 자신이 삶에서 경험한 문제를 해명하고 해결책을 제시하기 위해 온 힘을 기울였습니다. 수많은 경제학자가 있지만, 헨리 조지처럼 삶과 연구를 일치시키는 사람은 찾아보기 어려웠습니다.

둘째, '경제법칙과 도덕법칙은 하나'라는 믿음이 헨리 조지 이론의 토대였습니다. 경제법칙이란 최소 비용으로 최대 효과를 거두는 방법과 관련된 것이고, 도덕법칙이란 자유·정의·평등과 같은 고상한 가치를 구현하는 방법과 관련된 것입니다. 오늘날 많은 경제학자는 경제법칙을

'효율'이라는 말로, 도덕법칙을 '형평'이라는 말로 표현하지요. 문제는 그들이 효율과 형평의 관계를 파악하는 방식입니다. 경제학자들은 둘의 관계를 상충관계로 파악합니다. 즉, 효율을 추구하면 형평에 문제가 생기고 형평을 추구하면 효율에 문제가 생긴다고 보는 것이지요. 특히 신자유주의 계열의 경제학자들은 효율을 절대 가치로 간주하여 형평을 아예 무시하는 경향이 있습니다. 그들이 성장지상주의에 빠져 불평등과 양극화를 등한시하는 데는 다 이유가 있는 것이지요. 2008년 글로벌 경제위기를 겪으면서 신자유주의 경제학이 파탄 난 것은 효율만 중시하고 형평을 무시한 결과였습니다.

헨리 조지는 자유, 정의, 평등과 같은 도덕적 가치를 구현하면 효율은 자연스럽게 달성되며 경제성장의 지속가능성도 커진다고 믿었습니다. 그리고 그 믿음이 왜 타당한지 논리와 사실을 가지고 치밀하고도 명쾌하게 입증했습니다. 저는 그의 사상을 접하면서 도덕적 가치를 따라 바르게 살면 좋은 경제적 성과를 거두기 어렵다는 말을 들을 때마다 느꼈던 막연한 좌절감을 떨쳐버릴 수 있었습니다.

셋째, 헨리 조지는 독점과 특권에는 분노를, 경제적 불의로 인해 가난해진 사람들에게는 한없는 연민을 품고 있었습니다. 그렇다고 해서 독점과 특권으로 부를 얻는 사람들을 무너뜨리자는 식의 적개심을 드러내지도 않았고, 가난한 사람들을 무조건 우대하자는 주장을 펼치지도 않았습니다. 그가 타깃으로 삼았던 것은 사람이 아니라 제도와 체계였습니다. 독점과 특권을 만들어내 소수가 부를 독차지하게 하는 제도, 다수의 노동자가 아무리 노력해도 가난을 벗어나기 어렵게 만드는 체계를 타파하자는 것이 그의 주장이었지요. 개혁을 외치는 사상가 중에는 사람에 대한 적개심을 유발하며 대중을 선동하는 사람이 적지 않은데, 헨리 조지는 그런 부류가 아니었습니다. 이런 그에게서 저는 책임 있는 참지식인의 모습을 발견했습니다.

넷째, 오늘날 주류경제학자들은 불평등과 양극화에 관심을 기울이지 않습니다. 경제성장만 제대로 하면 불평등 문제는 발생하지 않으니 걱정할 일이 아니라는 것이 그들의 믿음입니다. 그들의 경제학 체계에서 '분배' 문제는 당연히 소홀하게 다뤄지겠지요. 게다가 주류경제학자들은 토지문제를 철저하게 외면해 왔습니다. 20세기 말 이후 부동산 거품의 발생과 붕괴로 세계 곳곳에서 금융위기가 빈발하자 토지(부동산) 문제에 관한 관심이 높아졌지만,

그전까지는 거의 무시하는 분위기였습니다. 경제학 교과서에도 토지문제를 다루는 내용은 없습니다. 이렇게 된 데는 역사적인 이유가 있습니다. 19세기 말~20세기 초 신고전학파가 형성되던 시기에 미국에서는 쟁쟁한 경제학자들이 연합해서 '헨리 조지 추방 작전'을 벌였습니다. 그들이 사용한 방법은 토지를 경제 분석에서 제외함으로써 헨리 조지를 경제학의 세계에서 몰아내는 식이었습니다. 이 '토지 추방 작전'의 자세한 내용은 제가 쓴 『토지의 경제학』에 상세히 나와 있으니 참고하기 바랍니다. 초기 신고전학파의 어리석은 '작전' 때문에 현대 경제학은 토지 때문에 발생하는 경제 현상을 분석하지 못하는 불구가 되고 말았습니다. 불평등 문제를 제대로 다루고 토지를 경제학의 체계 가운데 다시 불러들이려면, 이미 오래전 그 문제에 천착해 불후의 명저를 남긴 헨리 조지를 다시 소환할 수밖에 없습니다.

▌ 헨리 조지, 소명을 확인하다

그러면 이제 헨리 조지가 어떤 사람이었는지 살펴볼까요? 헨리 조지는 경제학자, 사회개혁가, 언론인, 정치인,

신학자 등 여러 가지 이름으로 불릴 수 있는 인물입니다. 기자로서, 신문사 편집인으로서 날카로운 기사와 칼럼을 여럿 썼고, 경제학자로서 뛰어난 경제학 저서를 여러 권 저술했으며, 19세기 후반~20세기 초 세계 토지개혁 운동에 지대한 영향을 끼쳤습니다. 인생 후반에는 뉴욕 시장 선거 등에 출마해서 대중으로부터 많은 지지를 끌어내기도 했습니다.

헨리 조지는 세 번 선거에 출마했는데, 그 가운데 두 번은 뉴욕 시장 선거였습니다. 첫 번째 뉴욕 시장 선거(1886년)에서는 2위로 낙선했고, 두 번째 뉴욕 시장 선거 때(1897년)는 투표일을 나흘 앞두고 뇌출혈로 사망했지요. 두 선거에서 헨리 조지는 여론의 큰 지지를 받았습니다. 특히 1886년 선거에서 헨리 조지는 나중에 미국 대통령이 되는 시어도어 루스벨트Theodore Roosevelt, 1858~1919를 눌렀을 뿐만 아니라 항간에 '투표에는 이기고 개표에 졌다'라는 소문이 돌 정도로 큰 지지를 받았습니다.

헨리 조지는 영국의 극작가로 나중에 노벨문학상을 받는 버나드 쇼George Bernard Shaw, 1856~1950, 영국 페이비언 협회Fabian Society를 창설하고 런던정경대학LSE을 설립한 시드니 웹Sidney Webb, 1859~1947, 러시아의 대문호 톨스토이, 중국

헨리 조지

의 국부 쑨원孫文, 1866~1925 등 위대한 사상가들에게 깊은 영
향을 끼쳤습니다. 정치인 중에도 그의 사상에 영향을 받
은 사람이 많습니다. 영국 수상을 지낸 로이드 조지Lloyd
George, 1863~1945와 윈스턴 처칠Winston Churchill, 1874~1965, 미국
대통령을 지낸 우드로 윌슨Woodrow Wilson, 1856~1924, 오스트
레일리아 수상을 지낸 빌리 휴즈Billy Hughes, 1862~1952, 러시
아 수상을 지낸 케렌스키Aleksandr F. Kerenskii, 1881~1970 등 20

세기 전반의 유력 정치인들이 그들입니다. 미국에서는 민주주의를 증진하고 독점을 규제하는 등 개혁 조치들이 대대적으로 단행된 1890~1917년을 '진보시대'Progressive Era 라고 부르는데, 헨리 조지는 이 시대의 문을 연 개척자라는 평가를 받습니다.

경제학자로서, 언론인으로서, 정치인으로서 미국은 물론이고 전 세계에 걸쳐 이만한 영향을 끼친 인물이라면 대단한 학교에서 교육받았겠다는 생각이 들지요? 하지만 헨리 조지가 받은 정규교육은 중학교 2학년 때까지가 전부였습니다. 그는 성공회 기도문과 주일학교 교재를 출판하던 부친의 출판 사업이 기울면서 정규교육을 받기 어려운 처지로 떨어졌습니다. 그래서 그는 16세 때 인도까지 가는 힌두The Hindoo호의 선원으로 승선한 것을 계기로 가게, 사금 채취장, 방앗간, 농장, 인쇄소 등을 거치며 육체노동자의 삶을 살았습니다. 그때 그는 가난을 온몸으로 경험했습니다.

그가 얼마나 끔찍한 가난을 경험했는지 보여주는 일화를 한 가지 소개하겠습니다. 결혼 후 둘째 아이 리처드 Richard F. George(훗날 유명한 조각가가 됨)가 태어난 날은 헨리 조지 가족의 가난이 극에 달한 때였습니다. 어느 친절한 이웃이 준 빵 한 덩이 외에는 집 안에 먹을 것이라곤 없었으니까요. 음울하게 비가 내리던 그 날 저녁, 헨리 조지는 길거리에서 처음 보는 신사에게 5달러를 구걸했다고 합니다. 뒷날 그는 "너무 절망적인 상황이어서 만일 그 사람이 돈을 주지 않았다면 살인을 할 수도 있었다"라고 회고했습니다.

헨리 조지는 스스로 가난을 겪었을 뿐만 아니라 문명의 한 가운데서 약자들이 겪고 있던 가난의 실상을 목격하기도 했습니다. 당시에 이미 세계적인 대도시로 성장한 뉴욕에서 그가 목격한 가난의 실상은 『사회문제의 경제학』에 생생하게 기록되어 있습니다. 한 부분만 인용해 보겠습니다.

"요즘 대서양을 건너서 유럽에 가려는 사람이 너무 몰려서 몇 달 전에도 표를 예약하기 어렵다고 한다. 상류층 동네에 즐비한 근사하고 넓은 저택의 주인들은 곧 문을 꼭꼭 잠그고 유럽 여행을 떠나거나 해변과 산으로 놀러 갈 것이다. '모두가 떠나고 동네가 텅텅 빕니다'라고 그들은 말할 것이다. 그러나 실은 모두는 아니다. 브루클린을 계산에 넣지 않더라도 120만 명에서 130만 명에 달하는 사람들이 무더운 여름의 찜통더위에 시달리며 남아 있을 것이다. 빽빽이 들어서 있는 공동주택의 문은 여름에도 잠기지 않을 것이다. 사람들은 약간의 바람이라도 통하게 하려고 모든 창문과 문을 열어둘 것이다. 더러운 길거리는 비루한 인생들로 가득하고 지저분한 어린아이들이 노는 소리로 시끄러울 것이다. 그 어린아이들은 한 번도 푸른 잔디밭이나 부서지는 파도를 본 적이 없다(간혹 자선단체에서 구경시켜 줘서 본 아이들이 있을지는 모르겠다). 지친 여인들은 우는 아기들을 달래느라 진이 빠질 것이다. 그 아기들이 계속해서 우는 이유는 충분한 영양과 신선한 공기가 부족하기 때문이다. 겨우내 감춰져 있던 비루하고 비참한 삶은 그렇게 사방에서 모습을 드러낼 것이다."(『사회문제의 경제학』, 91~92쪽)

그 책에는 이 외에도 하루에 14~16시간 일해야 하는 제빵사 이야기, 직장을 못 구해 아기를 어느 건물 지하실에 버리고 실종 신고를 냈다가 구속된 여자 이야기, 출생 후 이틀 만에 사망한 아기의 사망 원인을 조사하던 배심원단이 비참한 상태로 널브러진 엄마 아빠를 발견한 이야기, 셋집에서 쫓겨나 공터의 통속에서 굶주려 얼어 죽기 직전에 발견된 한 여인과 세 자녀 이야기, 주머니에 2~3

달러밖에 가지지 않은 채 미국의 부두에 버려지는 아일랜드 사람들 이야기 등 당시 미국 사회에 만연한 가난의 실상을 생생하게 고발하는 내용이 줄을 잇습니다.

헨리 조지가 진보 속의 빈곤이 왜 발생하는지 해명하고 그 문제를 해결하기 위해 평생 노력했던 것은 뼈저린 가난을 스스로 체험하고 이웃의 가난을 두 눈으로 목격했기 때문입니다. 물론 가난하게 살고 다른 사람들의 가난을 목격했다고 해서 모두가 조지와 같은 문제의식과 소명감을 품지는 않습니다. 그가 진보 속의 빈곤을 해명하고 해결해야겠다는 생각을 품은 데는 일종의 신비 체험이 있었습니다. 그는 1883년 2월 아일랜드 성직자였던 토머스 도슨Thomas Dawson 신부에게 보낸 편지에서 당시의 체험을 이렇게 회고했습니다.

"신부님은 제 친구일 뿐만 아니라 제가 말하고 싶지 않은 것까지 말할 수 있는 사제이자 종교인입니다. 저는 지금까지 이 이야기를 누구에게도 말한 적이 없습니다. 어느 날 대낮에 도시의 대로에서 어떤 사상, 어떤 비전, 어떤 소명—어떻게 불러도 상관없습니다—이 제게 다가왔습니다. 제 모든 신경이 전율했습니다. 저는 그때 그 자리에서 맹세했습니다.

좋을 때건 나쁠 때건, 성취했건 못했건 저는 그 맹세에 충실
했습니다."[3]

그가 했던 맹세는 풍요로운 세상에서 많은 사람을 가난
으로 몰아넣는 원인을 밝히고 제거하는 일에 온 힘을 기
울이겠다는 것이었습니다. 헨리 조지가 신비 체험을 한
장소는 뉴욕이었습니다. 샌프란시스코 헤럴드Herald의 AP
통신The Associated Press 회원 가입을 성사시키기 위해 그곳에
파견되었을 때지요. 6개월간 뉴욕에 머문 후 조지는 캘리
포니아로 돌아왔습니다. 그때부터 그는 뉴욕에서 했던 맹
세에 줄곧 매달려 있었는데, 어느 날 말을 타고 교외로 나
가서 우연히 한 농부와 대화하던 중 섬광처럼 다가오는
영감을 받습니다. 대화는 인근 토지의 가격에 관한 것이
었지요. 소가 풀을 뜯고 있을 뿐 위에 아무것도 없는 땅의
가격이 예상보다 훨씬 비쌌습니다.

"인구가 증가하면 토지가치가 오르고, 토지가 필요한 사람
은 돈을 더 내야 한다. 나는 이 이치를 깊이 생각하였고, 그

---

3 Edward J. Rose, 1968, *Henry George*, pp.40~41.

것은 그 뒤로 나에게서 떠나지 않았다."

헨리 조지의 고백입니다.

조지는 그 이치를 발전시켜 『연방과 주의 토지와 토지 정책』Our Land and Land Policy, National and State이라는 소책자를 썼습니다. 부의 증가와 빈곤의 증가가 동시에 일어나는 이유는 토지가치의 상승에 있다는 것이 책의 핵심 내용입니다. 그가 뉴욕에서 목격한 충격적인 현실이 어디에서 비롯되는지 밝힌 것입니다.

▍경제학 최고의 베스트셀러를 집필하다

헨리 조지는 그토록 중요한 문제를 충분히 다루려면 더 두꺼운 책이 필요하다고 판단했습니다. 그는 1877년 『진보와 빈곤』을 쓰기 시작해 1년 반이 지난 1879년 마침내 원고를 완성했습니다. 이 책은 한글 번역판으로 600페이지가 넘는 대작입니다. 『진보와 빈곤』은 출판을 거절당해 그가 출판 비용을 직접 부담했을 정도로 초라하게 출발했지만, 내용이 점차 알려지면서 날개 돋친 듯 팔려나갔습니다. 독일어, 프랑스어, 스웨덴어, 스페인어, 네덜란드어,

진보와 빈곤

러시아어 등 여러 외국어로 번역되기도 했습니다. 이 책은 19세기 말 논픽션 분야에서 성경 다음가는 베스트셀러가 되었고, 오늘날까지 수백만 부가 팔려 역사상 가장 많이 팔린 경제학책으로 소개되기도 하지요.

헨리 조지는『진보와 빈곤』출간 전까지는 미국 서부에서 약간의 영향력을 가진 언론인에 불과했지만, 책이 베스트셀러가 되면서 세계적인 인물로 부상했습니다. 그는 세계 여러 나라에서 초청받아 강연을 다니면서 그곳의 토지개혁 운동을 적극적으로 지원했습니다. 헨리 조지는 강연 때마다 청중을 감동의 도가니에 빠뜨리는 명연설가였습니다. 그의 명성이 널리 알려지자 강연회마다 청중이 몰려들었고, 언론 보도도 많아졌습니다. 강연 후에 토지 개혁 단체가 결성되는 곳도 있었지요. 조지도 미국 내에 빈곤추방협회Anti-Poverty Society를 결성해 토지 정의 운동을 전개했습니다. 그는 스스로 옳다고 믿는 바를 행동으로 옮기는 실천적인 지식인이었습니다.

헨리 조지는 『연방과 주의 토지와 토지정책』, 『진보와 빈곤』 외에도 『아일랜드의 토지문제』(1881), 『사회문제의 경제학』(1883), 『보호무역인가, 자유무역인가』(1886), 『노동 빈곤과 토지 정의』(1891), 『갈피를 잃은 철학자』(1892), 『정치경제학』(1898, 사후 출간) 등 뛰어난 책을 여러 권 집필했습니다. 그의 위상은 점점 높아져서 당시 좌우의 대표적 경제학자였던 카를 마르크스, 앨프레드 마셜Alfred Marshall, 1842~1924과 공방을 주고받을 정도였습니다. 요즘 경제학자들에게 헨리 조지가 두 사람과 어깨를 겨룬 인물이었다고 이야기하면 모두 깜짝 놀라지요.

앞에서 잠깐 소개했지만, 19세기 말~20세기 초 미국에서 신고전학파 경제학이 성립하던 시기에 클라크John B. Clark, 워커Francis Walker, 셀리그먼Edwin Seligman, 일리Richard T. Ely,

나이트Frank Knight 등 당시 미국 경제학계를 쥐락펴락하던 쟁쟁한 학자들이 헨리 조지 비판을 위해 합동작전을 벌이다시피 했습니다. 조지의 경제사상을 위험하다고 본 당시 미국 기득권 세력이 뒷배 역할을 했다는 설이 있습니다. 그만큼 헨리 조지 경제학의 수준과 영향력은 대단했고, 이를 막아야 한다는 공감대가 형성되어 있었던 것이지요.

중학교 2학년 중퇴자인 헨리 조지가 어떻게 이런 높은 수준의 지성을 갖추게 됐을까요? 단지 직·간접적으로 가난을 경험했다는 것만으로는 설명하기 어려운 일입니다. 여기서 조지가 지독한 독서광이었다는 사실을 떠올리게 됩니다. 그는 학교를 그만둔 후에도 계속 도서관에 나가 책을 읽고 친구들과 토론했으며, 다양한 주제를 다루는 강좌에도 참석해 공부했습니다. 그의 저서 곳곳에 등장하는 문학적 표현들과 역사적 사례들은 그가 얼마나 많은 책을 섭렵했는지를 보여줍니다.

경제학계의 거장 슘페터Joseph Schumpeter, 1883~1951는 "헨리 조지는 독학의 경제학자이지만 분명히 경제학자다. 그는 당시의 정식 교육을 통해 얻을 수 있었던 경제학 지식과 논리의 대부분을 학교 밖에서 습득했다"라고 평가한 바 있습니다. 하지만 나는 슘페터의 평가조차 인색하다고 봅

니다. "헨리 조지는 독학의 경제학자이지만 분명히 최고
의 경제학자다"라고 해야 정확하겠지요.

7장
'진보 속의 빈곤'은 왜 일어날까?

　신학, 철학, 역사학 등에 비하면 경제학은 역사가 그리 길지 않습니다. 1776년 애덤 스미스가 『국부론』을 출간한 후 데이비드 리카도David Ricardo, 1772~1823, 토머스 맬서스 Thomas R. Malthus, 1766~1834, 제임스 밀James Mill, 1773~1836, 존 매컬럭John R. McCulloch, 1789~1864, 존 스튜어트 밀John S. Mill, 1806~1873 등 내로라하는 경제학자들이 뒤를 이었습니다. 이들을 통칭하여 고전학파라고 부릅니다. 고전학파 이전에도 중상주의 학파와 중농주의 학파가 있었지만, 그 둘은 경제학을 독립 학문으로 정립시키기에는 영향력이 부족했습니다. 경제학은 『국부론』의 출간 및 고전학파의 등장과 함께 독립 학문 분야가 됐다고 보는 것이 학계의 지배적인 견해입니다.

분배 문제는 고전학파 경제학자들에게 큰 관심거리였습니다. 고전학파 창시자인 스미스가 『국부론』 제1편의 제목을 '노동생산력을 향상시키는 원인과 노동 생산물이 자연법칙에 따라 상이한 계급 사이에 분배되는 질서'로 붙이면서 분배 문제를 최우선적인 분석 과제로 삼았으니, 그를 계승한 사람들로서는 이 문제에 관심을 기울일 수밖에 없었겠지요. 물론 사람에 따라 정도의 차이는 있었습니다. 스미스처럼 단지 임금, 지대, 이자 및 이윤의 결정원리를 따로따로 다루는 수준에 머문 사람이 있었는가 하면, 리카도처럼 각 소득의 상호관계를 분석하고 그 상호관계의 변화로 장차 자본주의가 어떤 운명에 처할지를 전망한 사람도 있었으니까요.

▎ 분배 문제를 내팽개친 주류경제학

오늘날 주류경제학은 고전학파의 후예를 자처합니다. 주류경제학자들은 시장원리와 자유방임을 강조할 때면 늘 고전학파 경제학을 이야기하지요. 현대 주류경제학이 '신고전학파'(또는 신신고전학파)라고 불리게 된 데는 주류경제학자들이 고전학파의 후예를 자처했다는 사정이 크게 작용했습니다. 문제는 신고전학파가 분배 문제를 중시한 고전학파의 전통을 깡그리 무시한다는 점입니다.

주류경제학자들은 분배 문제에 거의 관심을 보이지 않습니다. 그들은 오로지 효율과 성장에 골몰하면서, 효율이 달성되고 성장이 잘 이루어지면 분배 문제는 자동으로 해결된다고 믿습니다. '낙수효과론'과 '밀물의 경제학'은 그들의 18번 곡입니다.[4]

낙수효과란 성장이 잘 이루어지고 대기업과 부자가 돈을 잘 벌면 점차 중소기업, 서민, 노동자들에게도 혜택이 돌아간다는 내용입니다. 잔을 여러 층으로 쌓아놓고 위에서 물을 부으면 맨 위 잔이 넘쳐서 아래 잔에도 차게 되는 현상을 빗대서 붙여진 이름이지요. 밀물의 경제학은 바닷가에서 밀물이 들어오면 수위가 높아져서 모든 배가 떠오르는 현상을 빗댄 것으로, 경제성장이 원활하면 모든 사람의 경제적 형편이 좋아진다는 주장입니다. 둘 다 같은 메시지를 담고 있는 셈입니다. 주류경제학자들의 '낙수효과론'과 '밀물의 경제학'은 경제성장만이 살길이라고 여

---

4 이정우, 2021, 『왜 우리는 불평등한가』, 102쪽 참조.

기는 성장지상주의의 강력한 논거였습니다. 불평등과 양극화로 고통받는 서민층에게 '어려움을 참고 기다리면 좋은 날이 온다'라는 환상을 심어주므로, 기존 경제 질서에서 혜택을 독점하는 대기업과 부자에게는 더없이 만족스러운 주장일 것입니다.

> "과거에는 유리잔이 가득 차면 흘러넘쳐 가난한 자들에게도 그 혜택이 돌아간다는 믿음이 있었지만, 지금은 유리잔이 차면 마술처럼 유리잔이 더 커져 버린다."[5]

낙수효과론을 정면으로 반박하는 이 말은 누가 했을까요? 바로 프란치스코 교황Pope Francis, 1936~입니다. 경제학자가 아님에도 어쩌면 이렇게 정곡을 찔렀을까요? 사실 '낙수효과론'과 '밀물의 경제학'은 경제학자들이 입으로 외치기만 했을 뿐, 옳다고 입증된 적이 없습니다. 현실에서 드러난 사례도 발견하기 어렵습니다. 주류경제학의 이 가설은 이론이라기보다는 기득권층의 이해관계를 옹호하는 이데올로기의 성격이 짙습니다. 불평등과 양극화가 극심

---

5 같은 책, 103쪽에서 재인용.

해지고 있는 오늘날, 주류경제학은 '낙수효과론'과 '밀물의 경제학'을 설파해 온 바람에 점점 설득력을 잃어가고 있습니다. 2010년대에 토마 피케티Thomas Piketty, 1971~가 『21세기 자본』을 출간하면서 불평등 문제를 세계 경제학계의 화두로 만들 수 있었던 데는 그럴만한 사정이 있었던 것이지요.

▎물질적 진보가 빈곤을 유발하는 역설

주류경제학이 분배 문제를 내팽개치는 바람에 처량한 처지로 전락한 것과 반대로, 조지스트들은 분배 문제를 중시하는 오랜 전통을 지켜옴으로써 점점 더 지지를 확보해 가고 있습니다. 이는 진보 속의 빈곤을 최대 관심사로 삼았던 헨리 조지의 음덕이라고 해야 하지 않을까요? 조지는 『진보와 빈곤』도입부에서 다음과 같이 말합니다.

"소위 물질적 진보라고 하는 추세는, 건강하고 행복한 인생의 필수 요소를 기준으로 볼 때, 최하층의 상태를 개선해 주지 못한다. 아니, 실은 최하층의 상태를 오히려 압박한다. 새로운 힘은 기본적으로 사회를 향상시키는 효과가 있지만,

오랫동안의 희망과 믿음과는 달리 사회구조의 밑바닥에서부터 작용하지 않고 상층과 하층의 어느 지점에 작용한다. 마치 커다란 쐐기가 사회의 밑바닥이 아니라 그 한 가운데를 관통하는 것과 같다. 그리하여 분리점의 상층에 있는 사람들은 향상되지만, 그 하층에 있는 사람들은 부서지고 만다."(『진보와 빈곤』, 32쪽)

물질적 진보로 모든 사람의 생활 수준이 향상되어야 마땅함에도 그렇지 않은 경우가 많은 것은 분배 문제 때문이라는 말입니다. 조지는 진보에 빈곤이 따르는 현상을 '우리 시대의 큰 수수께끼'라고 부릅니다. 물질의 풍요로 생활 수준이 높아지고 그에 따라 도덕 수준도 올라갈 터이니 인류가 꿈꾸던 황금시대가 이룩되리라 기대할 만한데도 실제 상황은 정반대로 흐르고 있었으니 수수께끼라고 부를 만하지요. 헨리 조지는 진보에 빈곤이 따르는 현상을 특정 지역의 특수 현상으로 보지 않았습니다.

"대규모 군대를 유지하는 나라에 고통이 있는가 하면 군대의 규모가 미미한 나라에도 고통이 있다. 보호무역을 실시하는 나라에 고통이 있는가 하면 무역이 거의 자유로운 나라에도 고통이 있다. 독재 정부가 지배하는 나라에 고통이 있는가 하면 정치권력이 전적으로 국민의 손에 있는 나라에도 고통이 있다. 지폐를 사용하는 나라에 고통이 있는가 하면 금과 은을 화폐로 삼는 나라에도 고통이 있다."(『진보와 빈곤』, 29~30쪽)

진보 속의 빈곤은 모든 문명국가에 공통되는 일반적인 현상이므로 공통의 원인을 찾아내야 한다는 것이 조지의 생각이었습니다. 더욱이 그는 물질적 진보가 뚜렷이 성취된 곳에서 빈곤이 더욱 심각하다고 보았습니다. 원인을 물질적 진보 그 자체에서 찾았던 것이지요. 자, 이제 헨리 조지가 진보 속의 빈곤을 어떻게 설명했는지 살펴볼까요?

▌임금기금설과 인구론은 말이 안 돼!

근무하는 대학에서 『진보와 빈곤』을 교재로 몇 년 강의한 적이 있습니다. '토지경제학'이라는 과목이었지요. 딱딱하고 어려운 경제학 이론만 배우다가 문학적 표현이 가득한 교재로 공부해서 그랬던지 학생들의 반응이 괜찮았습니다. 그 가운데 한 학생이 고백한 말이 아직도 기억납니다. "교수님, 경제학을 배우다가 가슴이 뛰었던 경우는 처음입니다." 엄밀한 경제학적 논리와 함께 가난한 자에 대한 연민, 불의한 제도에 대한 분노, 인류의 미래에 대한 염려, 인간 심성에 대한 신뢰 등이 곳곳에 표현되어 있으니 책을 읽는 사람은 누구라도 감동에 휩싸이지 않을 수 없습니다.

한 가지 문제가 있습니다. 불후의 명저이자 감동으로 가득 찬 책이라고 알고 책을 펴서 읽기 시작하자마자 바로 난관이 닥칩니다. 제1권(여기서 '권'은 오늘날의 '장'에 해당)에서 헨리 조지는 '임금이 자본에서 나오지 않고 노동 생산물에서 나온다'라는 명제를 증명한다고 하면서 자본과 부의 개념에 대해 길게 설명하는데, 깊이 생각하지 않으면 도무지 이해가 가지 않기 때문입니다. 하지만 독자 여러분은 절대로 포기하지 말기 바랍니다. 뒤로 가면서 내용이 쉬워질뿐더러 무릎을 치게 만드는 뛰어난 통찰들이 줄을 잇기 때문입니다. 『진보와 빈곤』을 처음 읽는 독자들은 마지막 제10권과 결론을 먼저 읽고 앞부분을 읽는 것이 좋겠습니다.

헨리 조지가 책 첫 부분을 용어(특히 자본)의 정의 문제에 할애하면서 임금이 자본에서 나오는 것이 아님을 입증하기 위해 집요하게 파고들었던 것은 고전학파 이래 모든 경제학자의 마음을 사로잡고 있던 임금학설의 허구성을 폭로하기 위해서였습니다. 임금기금설이라고 불리는 이 학설에 따르면, 임금은 자본의 일부인 임금기금을 노동자 수로 나눈 값으로 결정됩니다. 만일 이것이 사실이라면, 노동자 수의 변화와 임금기금의 변화가 임금의 추이를 결정할 텐데, 당시 경제학자들은 노동자 수가 임금기금보다 빠른 속도로 증가한다고 믿었습니다. 여기서 임금은 생존을 겨우 유지할 수 있는 최저수준으로 떨어지는 경향이 있다는 결론이 나옵니다. 물질적 진보가 이뤄진다고 해서 이 경향을 역전시킬 수는 없습니다. 임금기금설에 따르면, 진보에 빈곤이 수반하는 이유는 간단합니다. 노동자 수가 임금기금보다 빨리 증가하기 때문입니다.

임금기금이란 기업가들이 임금을 지불할 목적으로 미리 비축해 두는 과거의 생산물을 뜻합니다. 만일 임금기금이 실제로 존재한다면, 생산을 원활히 하기 위해 과거의 생산물을 비축해 두는 것이므로 자본 범주에 포함해야겠지요. 하지만 헨리 조지에 따르면, 임금은 자본, 즉 과거의 생산물이 아니라 현재의 노동과 생산의 결과물로부터 나옵니다. 노동자들은 자신이 만드는 생산물의 일부를 임금으로 받는다는 뜻이지요. 조지가 『진보와 빈곤』 제1권에서 자본의 개념을 명확히 하는 데 여러 지면을 할애한 것은, 현재 임금을 지불하기 위해 비축해 두는 과거의 생산물이란 존재하지 않는다는 점과 임금 지불은 자본의 기능이 아니라는 점을 명확히 하기 위해서였습니다. 조지는 자가 노동의 경우, 현물임금을 받는 경우, 임금 계산은 현물로 하되 화폐임금을 받는 경우, 통상의 화폐임금을 받는 경우를 일일이 검토하면서, 임금은 미리 축적된 자본이 아니라 현재의 노동 생산물에서 나온다는 사실을 꼼꼼하게 증명했습니다.

실제로 임금을 가불하거나 특별한 인재를 스카우트하기 위해 임금을 선지급하는 예외적인 경우를 제외하면, 노동하기 전에 임금을 먼저 지급하는 일은 없습니다. 노동의 결과물로 임금을 지불하면 되는데, 굳이 임금 지불을 위한 자본을 비축해 둘 필요는 없겠지요. 고전학파 이래 19세기의 경제학자들이 임금기금의 존재를 굳게 믿고 그것으로 임금이 결정되는 원리를 설명한 것은 참으로 불가사의한 일입니다. 존재하지도 않는 것을 존재한다고 믿는 바람에 빈곤의 원인에 대해 엉뚱한 진단을 내리고 말았으니 어처구니없는 일이 아닙니까?

헨리 조지가 임금기금설을 비판한 이후 이 학설은 경제학에서 추방되고 말았습니다. 그전까지는 영국과 미국의 거의 모든 대학에서 이 학설을 가르치고 있었습니다. 임금기금설은 교과서에도 실렸는데, 이는 그 학설이 당대의 지배적 통설이었음을 의미합니다. 반면, 오늘날 경제학자들은 임금은 노동자가 생산에 기여하는 대가로 분배받는 생산물의 일부라고 생각합니다. 임금기금 따위는 전혀 고려하지 않습니다. 그동안 임금 결정 원리에 관해 엄청난 인식 전환이 있었던 셈입니다. 여기에는 헨리 조지의 임금기금설 비판이 결정적인 역할을 했다고 봅니다.

『진보와 빈곤』 제2권에서 헨리 조지는 맬서스의 인구론을 비판합니다. 맬서스는 저 유명한 『인구론』에서 인구 증가가 빈곤의 원인이라고 주장했습니다. 그는 그 책에서 생존물자는 산술급수적으로 증가하는 반면 인구는 기하급수적으로 증가한다는 유명한 명제를 주장했지요. 여기서 산술급수적 증가란 1, 2, 3, 4, 5, 6, …과 같은 식으로 늘어나는 것이고, 기하급수적 증가란 1, 2, 4, 8, 16, 32, …와 같은 식으로 늘어나는 것을 말합니다. 맬서스의 명제가 사실이라면, 빈곤과 비참은 인류가 도저히 피할 수

토머스 맬서스

없는 숙명이 되겠지요.

헨리 조지가 보기에 임금기금설과 인구론은 일란성 쌍둥이와 같았습니다. 생존물자 대신 임금기금을, 인구 대신 노동자 수를 넣어보세요. 내용이 완전히 똑같아지지 않습니까? 유감스럽게도 임금기금설과 마찬가지로 인구론도 당시 경제학자들이 맹신하는 지배적 학설이었습니다.

헨리 조지에 따르면, 맬서스의 학설은 논리적으로도 현실적으로도 엉터리입니다. 맬서스는 생존물자가 산술급수적으로 증가하는 반면 인구는 기하급수적으로 증가한다는 명제를 위해 아무런 논리적 근거를 제시하지 않았습니다. 게다가 실제로 맬서스 이후 생존물자는 산술급수적인 경우보다 훨씬 빠른 속도로 증가했고, 인구는 기하급수적인 경우보다 훨씬 느린 속도로 증가했습니다. 맬서스가 주장한 원인 때문에 발생한 빈곤은 없었습니다. 맬서스의 가설을 논파하는 조지의 논리 전개가 치밀하고 정확해서 감탄을 자아내지만, 여기서 자세히 소개할 여유는 없고 단지 제가 인상적이라고 느낀 두 부분을 인용해 보겠습니다.

"생존물자와 명예가 보장되어 있는데도 그런대로 오랜 세월 동안 가문을 겨우 이어온 가계의 희귀한 예는 사회 변화가 적은 중국에 있다. 공자의 후손은 아직도 존재하면서 특권과 배려를 받고 있으며 사실상 유일한 세습적 귀족이 되어 있다. 인구가 25년마다 배가 된다는 가정에 의한다면, 공자가 사망한 후 2,150년이 지나면 자손은 859,559,193,106,709,670,198,710,528명이 된다. 그러나 실제 공자의 후손은 공자 사후 2,150년이 지난 강희康熙 시대(1662~1722)에 남자가 11,000명이었고 따라서 전체는 22,000명으로 보면 된다. 둘 사이에는 굉장한 차이가 난다."(『진보와 빈곤』, 129쪽)

"매나 사람이나 닭을 잡아먹기는 일반이다. 그러나 매가 많으면 닭이 줄어들지만, 사람이 많으면 닭이 늘어난다. 바다표범이나 사람이나 연어를 잡아먹기는 일반이다. 바다표범이 연어 한 마리를 잡아먹으면 연어의 수는 한 마리 줄어들고 바다표범의 수가 일정 한도를 넘으면 연어의 수가 감소할 수밖에 없다. 그러나 사람은 연어 알을 적당한 환경에 두어 연어의 수를 증가시킴으로써 잡아먹는 것보다 더 많은 연어를 키워낼 수 있다. 이렇게 하면 인구가 아무리 증가하더라도 사람의 수는 연어 공급량을 넘어설 수 없게 된다."(『진보와 빈곤』, 148쪽)

고전학파 경제학을 집대성했다고 평가받는 당대의 천재 경제학자 존 스튜어트 밀조차 인구론을 의심 없이 받아들였습니다. 토지 불로소득의 환수를 함께 주장했다는 점에서 헨리 조지는 밀에 대해 우호적인 태도를 보일 만했지만, 그는 단호했습니다.

"문명 수준이 일정할 때 많은 인구는 적은 인구보다 물자를 더 많이 마련할 수 있다. 빈곤과 비참함의 원인은 - 현재의 이론은 인구 증가 때문이라고 한다 - 자연의 인색이 아니라 사회의 부정의에 있다. 인구 증가로 생겨나는 새로운 입은 과거의 입보다 더 많은 식품을 소비하지 않지만 새로운 손은, 자연스러운 질서 속에서는, 더 많은 물자를 생산해 낸다. 다른 조건이 동일할 경우 부의 공정한 분배가 이루어진다면 인구가 많을수록 개인에게 돌아가는 몫은 더 많아진다. 평등이 보장되는 상태에서 인구의 자연증가는 개인을 가난하게 하기는커녕 언제나 부유하게 만드는 경향이 있다."(『진보와 빈곤』, 157~158쪽)

이 부분은 존 스튜어트 밀이 "인구 증가로 인해 입이 생기면 그에 따라 손도 생긴다고 하는 말이 있지만, 이는 무의미한 말이다. 새로 생기는 입에 필요한 것은 기존의 입과 같지만 새로운 손은 기존의 손만큼 생산하지 못한다"라고 말했던 것에 대해 정면으로 반박한 것이었습니다. 그 후 역사는 밀이 아니라 조지가 옳았다는 것을 입증했습니다. 헨리 조지가 『진보와 빈곤』을 쓰지 않았다면 오늘날의 경제학은 어떻게 됐을까요? 여전히 임금기금설과 인구론을 붙들고는 온갖 현대적인 통계기법을 동원해 그 가설들이 옳음을 증명하려고 애쓰고 있지는 않았을까요?

▎문제는 지대야!

임금기금설과 인구론을 논파한 다음 헨리 조지는 자기만의 분배이론을 전개합니다. 이때 조지는 앞서 총체적 분배법칙을 제시했던 리카도의 전통을 계승하는 방식을 취합니다. 즉, 임금과 지대와 이자가 각각 어떤 원리에 의해 결정되는지를 넘어서 셋이 어떤 상호관계 속에서 변화해 가는지를 밝히고자 했습니다.

리카도의 분배이론의 내용을 요약하면 다음과 같습니다. 총생산액이 임금, 지대, 이자로 분배된다고 할 때, 지대는 어떤 토지와 한계지의 생산성 차이에 의해 결정되고, 임금은 생존비 수준에서 결정되며, 이자는 총생산액에서 지대와 임금을 뺀 수준으로 결정됩니다. 여기서 한계지란 최열등지 혹은 경작의 한계 등으로 불리는데, 사용 중인 토지 가운데 생산성이 가장 낮은 토지를 뜻합니다. 물론 한계지보다 생산성이 낮은 토지도 존재하겠지만 그런 토지는 사용되지 않은 채 남아 있겠지요. 임금이 생존비 수준에서 결정되는 것은 생존비 이상으로 임금이 상승할 경우 출산과 노동 공급이 증가해서 임금을 다시 끌어내리기 때문입니다.

지대가 어떤 토지와 한계지의 생산성 차이에 의해 결정되는 이유는 생산자들이 좋은 토지를 놓고 끊임없이 경쟁을 벌이기 때문입니다. 이 경쟁으로 인해 좋은 토지에서 발생하는 초과수익, 즉 그 토지의 생산액과 한계지 생산액의 차이는 결국 토지 소유자에게 지대로 지불될 수밖에 없습니다. 경제학에서는 지대가 아래 식 (1)과 같이 결정된다고 보는 이론을 차액지대설이라고 부릅니다.

어떤 토지의 지대 = 그 토지의 생산액 - 한계지의 생산액--------- (1)

생산액에서 지대가 분배되면 나머지 부분은 어떻게 될까요? 노동과 자본을 제공한 사람들에게 각각 임금과 이자로 분배되겠지요. 소득이란 생산요소를 생산에 제공하여 생산에 기여하는 대가로 받는 수입이고, 생산요소를 제공하는 사람 외에는 생산액이 분배될 수 없다는 사실을 기억하기 바랍니다. 따라서 다음의 항등식이 성립합니다.

생산액 ≡ 임금 + 이자 + 지대 ------------------------------- (2)

여기서 지대를 좌변으로 옮기면 다음 식이 됩니다.

생산액 − 지대 = 임금 + 이자 ----------------------------------- (3)

식 (3)으로부터 지대의 결정 원리는 생산액이 지대와
[임금 + 이자] 두 부분으로 분배되는 원리로도 해석할 수
있다는 것을 확인할 수 있습니다.

사용되는 토지 가운데 생산성이 가장 떨어지는 한계지
에서는 지대가 발생하지 않습니다. 그런 토지는 수요보다
공급이 많기 때문입니다. 따라서 한계지의 생산액은 이자
와 임금으로만 분배됩니다. 식(3)에서 지대가 0인 경우입
니다. 한계지보다 생산성이 높은 토지에서는 생산액 가운
데 한계지 생산액을 초과하는 부분이 지대로 분배되고,
나머지(한계지 생산액과 크기가 같음)는 임금과 이자로 분
배됩니다. 그 결과 [임금 + 이자]는 모든 토지에서 크기가
같아집니다.

리카도는 장기적으로 인구가 증가하면 한계지가 확대
된다는 사실에 주목했습니다. 인구 증가로 기존에 이용되
지 않던 열등한 토지가 이용 범위에 들어오면 분배는 어
떻게 달라지는가가 그의 주요 관심사였습니다. 한계지가

좀 더 열등한 토지로 확장되면 한계지의 생산액은 감소하고 기존 토지에서의 지대는 전체적으로 증가합니다. 반면 모든 토지에서 [임금 + 이자]는 감소합니다. 임금기금설을 수용하고 있던 리카도의 생각에 임금은 임금기금을 노동자 수로 나눈 값으로 미리 결정되므로, [임금 + 이자]에서 임금을 뺀 금액, 즉 이자는 감소하기 마련입니다. 자본 사용에 대한 대가인 이자가 감소하면 자본축적은 둔화할 수밖에 없지요. 이런 상황이 지속되면 자본주의는 결국 성장이 정지된 정체 상태stationary state에 빠지게 됩니다. 리카도가 자본주의의 미래를 우울하게 전망한 배경에는 이와 같은 분배이론이 자리하고 있었습니다.

헨리 조지는 리카도 분배이론을 계승하면서도 그 한계를 분명히 지적했습니다. 조지는 리카도가 차액지대설을 농지에만 적용한 것을 비판하면서 자신은 공업용지와 도시용지를 포함하는 모든 토지에 적용한다는 점을 밝혔습니다. 그러나 사실 그 문제는 치명적인 것은 아닙니다. 리카도 분배이론에서 치명적인 결함은 물질적 진보에 수반하는 '집적의 이익'이나 기술 개선 등에 전혀 관심을 기울이지 않았다는 점입니다. 헨리 조지의 생각으로는 이런 요인들을 고려하지 않은 리카도 분배이론은 오로지 인구 증가만을 분배 악화의 원인으로 보았다는 점에서 맬서스 학설의 복사판에 불과했습니다. 리카도가 기술 개선을 고려하지 않아서 자본주의의 미래를 지나치게 비관적으로 보았다는 것은 후대 경제학자들의 공통적인 평가입니다.

헨리 조지는 리카도 분배이론의 형식적 틀은 이어받았지만, 내용은 완전히 새롭게 채웠습니다. 식 (2)만 보면, 물질적 진보에 따라 생산액이 증가하면 임금, 이자, 지대도 증가해서 모든 사람이 경제적으로 풍족해질 것이라 착각하기 쉽습니다. 하지만 식 (2)를 식 (3)으로 바꾸어 생각하면, 물질적 진보에 따라 생산액이 증가하더라도 지대가 그보다 더 빠른 속도로 증가하면, 우변의 [임금 + 이자]는 생산액보다 느린 속도로 증가하거나 심한 경우 감소하리라는 것을 알 수 있습니다. 여기서 관건은 물질적 진보에 따라 생산액이 증가할 때 과연 지대가 그보다 더 빠른 속도로 증가하는가입니다. 『진보와 빈곤』 제4권에서 조지는 물질적 진보를 특징짓는 경제 현상으로 '인구 증가', '기술 개선', '토지가치 상승에 대한 기대' 세 가지를 들고, 이 세 현상이 지대의 크기와 소득분배의 양상에 각각 어떤 영향을 미치는지 상세하게 분석했습니다. 여기서 조지의 분석을 일일이 소개하는 것은 아직 경제학을 배우지 않은 독자들을 괴롭히는 일이 될 것 같아 첫 번째 요인의 영향에 대해서만 간단히 설명하겠습니다.

식 (1)에 따르면 어느 토지의 지대는 그 토지의 생산성이 올라가거나 한계지가 확장될 때 증가합니다. 그 토지의 질이 좋아질수록, 한계지의 질이 나빠질수록 지대가 증가한다는 뜻입니다. 물질적 진보가 진행됨에 따라 인구가 증가할 때 바로 이런 일이 생깁니다. 어느 지역에서 물질적 진보가 빨라서 그리로 사람이 몰려들면 집적의 이익이 발생합니다. 분업이 쉬워지고 한 분야의 기술 개선이 다른 분야로 쉽게 이전되며 거래 비용이 감소하기 때문입니다. 집적의 이익은 주로 기존 개발지역에서 크게 나타나는데, 그만큼 그 지역 토지의 생산성은 높아지고 지대는 증가하겠지요. 게다가 인구가 증가함에 따라 토지에 대한 신규 수요가 발생해서 예전에 사용되지 않던 열등지로 한계지가 확장되는데, 이 또한 기존 개발지역의 지대를 증가시킵니다. 한계지의 질이 나빠져서 한계지 생산액을 줄이기 때문입니다. 집적의 이익과 한계지 확장의 지대 증가 효과가 크게 나타날 경우, 물질적 진보에 따라 생산액이 증가하더라도 지대가 더 빨리 증가할 수 있습니다. 그러면 [임금 + 이자]가 생산액보다 느린 속도로 증가하거나 심하면 감소하기까지 합니다. '진보 속의 빈곤'이 발생하는 것입니다.

헨리 조지는 기술 개선의 분배 효과도 이와 유사하다고 주장했고, 토지가치 상승에 대한 기대는 한계지를 밖으로 밀어내는 힘이 강해 [임금 + 이자]의 절대적 감소를 초래한다고 보았습니다. 두 요인의 분배 효과에 대해 좀 더 자세한 내용을 알고 싶다면 제가 쓴 『토지의 경제학』(돌베개, 2012)을 읽어 보기 바랍니다. 세 가지 요인이 동시에 작용한다면 어떻게 될까요? 불평등과 빈곤이 발생할 수밖에 없겠지요.

요컨대 진보 속의 빈곤을 유발하는 근본 원인은 바로 지대의 빠른 증가입니다. 지대가 빠른 속도로 증가한다는 말은 한 사회의 총생산액 가운데 토지 소유자에게 돌아가는 몫이 점점 늘어난다는 뜻이지요. 토지 소유자가 지대를 차지할 수 있는 것은 토지제도가 그에게 절대적·배타적 소유권을 인정하기 때문입니다. 결국 토지제도가 문제입니다. 여기서 자연스럽게, 진보 속의 빈곤을 해결하려면 토지제도를 개혁해야 한다는 주장이 나옵니다. 이에 대해서는 9장에서 살펴보기로 합시다.

▌독점, 약탈 그리고 도박

『진보와 빈곤』이 나온 지 4년이 지난 1883년에 헨리 조지는 또 한 권의 명저를 출간했습니다. 바로 『사회문제의 경제학』Social Problems입니다. 앞에서 이 책의 내용을 인용한 바 있으므로 책 이름이 생소하지는 않을 것입니다. 『사회문제의 경제학』은 『진보와 빈곤』이 어렵다고 느끼는 독자들을 위해 쉬운 언어로 집필한 대중 교양서입니다. 러시아의 대문호 톨스토이는 이 책을 읽고 감화받아 인생 후반기 25년을 열렬한 조지스트로 살았다고 합니다. 톨스토이는 『사회문제의 경제학』러시아어 번역판 서문을 썼는데, 거기서 그는 "헨리 조지가 쓴 뛰어난 책, 연설문 그리고 기사 중에서 이 책은 의심의 여지가 없는 최고의 작품이다. 이 책에서 드러나는 간결함, 명료함, 논리적 엄밀성, 논박하기 어려운 논증 방식, 문체의 아름다움, 진리와 선과 사람에 대한 진실하고도 깊은 사랑이 그것을 입증한다"라고 극찬하는 말을 남겼습니다.

『사회문제의 경제학』에는 불평등의 실상을 고발하는 내용이 많이 나옵니다. 특히 당시 대부호들이 재산을 모은 방식에 대한 생생한 증언이 인상적입니다. 『진보와 빈

레프 톨스토이

곤』이 불평등을 다루면서도 빈곤에 초점을 맞추었다면, 『사회문제의 경제학』은 그것과 함께 부자들의 행태까지 폭로했다는 점이 특징적입니다. 두 책을 함께 읽으면 헨리 조지를 '불평등의 경제학'의 선구자로 부르더라도 지나친 말이 아님을 확인할 수 있을 것입니다.

『사회문제의 경제학』에서 헨리 조지는 다음과 같이 의문을 제기합니다.

"생산하는 사람이 소유해야 하고 저축하는 사람이 누려야 한다는 것은 인간의 이성과 자연적 질서에 부합하는 말이다. 여기에 비춰보면 현재의 불평등은 정당화될 수 없다. 사실, 대부호 중에 공정하게 부를 획득한 사람이 몇 명이나 될까? 그들이 소유한 부 가운데 소유자 자신이나 그들에게 부를 건네준 사람들이 생산한 것의 비중이 얼마나 될까? 이런 부를 형성하는 데는 뛰어난 근면성과 기술 이상의 무엇인가가 작용하지 않았을까?"(『사회문제의 경제학』, 78쪽)

그런 다음, 조지는 샌프란시스코에서 세상을 떠나면서 400만 달러의 유산을 남긴 지인 이야기와 피츠버그에서 300만 달러의 유산을 남기고 사망한 사람의 이야기를 소개합니다. 전자도 후자도 자신의 근면성, 기술, 절약 정신으로 재산을 모으지 않았습니다. 전자는 일찌감치 샌프란시스코에 땅을 사둔 덕분에 부자가 되었고, 후자는 유럽에서 들어오는 상품에 높은 세율의 관세를 부과하는 법안이 통과되는 바람에 부자가 되었습니다. 후자는 죽는 날까지 철저한 보호무역주의자였다고 합니다. 조지는 둘 다다른 사람이 번 것을 자기 그릇에 퍼담을 수 있게 허용한 제도 덕분에 부자가 되었다고 결론을 내립니다.

헨리 조지가 여기서 그쳤다면 과도한 일반화의 오류를 범했다는 비판을 면하기 어려울 것입니다. 하지만 조지는 한 걸음 더 나아갑니다. 당시 세계적인 대부호였던 로스차일드가﹡, 웨스트민스터 공작, 애스터가﹡, 밴더빌트가﹡, 굴드, 퍼시픽 철도회사들, 스탠더드 오일회사, 베세머 철강 연맹, 위스키세 연맹, 루시퍼 성냥 연맹 등이 어떻게 재산을 모았는지 생생하게 증언합니다. 어느 경우든 독점적 요소, 즉 다른 사람이 생산한 부를 독차지하는 행위가 개입되지 않은 사례를 찾기 어려웠다는 것이 조지의 고백입니다. 아래는 여러 사례를 일일이 검토한 다음 헨리 조지가 내린 결론입니다.

"토지가치의 상승은 토지 소유자가 부를 증가시켰음을 의미하지 않는다. 토지 소유자는 땅을 한 번도 보지 않았을 수도 있고, 땅을 개선하기 위해 아무 일도 하지 않았을 수도 있다. 그는 멀리 떨어진 도시에 살고 있을 수도 있다. 실제로 그런 사람이 적지 않다. 토지가치의 상승은 단지, 인간이 존재하기 전부터 있었던 것을 차지함으로써 다른 사람의 노동이 생산하는 부 가운데서 점점 더 많은 부분을 취할 수 있는 힘을 가진다는 것을 의미할 뿐이다. 독점이 얼마나 많은 재산을 만들었는지, 관세와 국내 조세제도가 파렴치한 자들에게 얼마나 많은 이익을 안겨주었는지 생각해보라. (본질적으로 독점사업인) 철도와 전신, 가스, 수도, 기타 유사한 독점들이 부의 집중에 얼마나 많이 기여했는지, 또 특별 요금, 기업 연합, 기업 결합, 매점賣占, 주식 물타기, 주가 조작, 반대세력을 제거하거나 매수하기 위한 파괴적인 지출(거기에 드는 돈은 결국 공공이 지불할 수밖에 없다) 그리고 이런 일들이 암시하는 다른 많은 일들이 거대한 재산을 형성하는 데 얼마나 중요한 역할을 했는지 생각해보라. 그러면 적어도 부의 불평등한 분배가 강탈에 기인하는 바가 상당히 크다는 사실을 알게 될 것이다. 열심히 일하는 사람들은 너무도 적게 벌고 거의 아무 일도 하지 않는 사람은 그리도 많이 버는 이유는 대개 전자가 만드는 것이 어떤 방식으로든 후자에게 흘러가서 그들의 소득을 부풀리기 때문이다."(『사회문제의 경제학』, 83~84쪽)

헨리 조지는 모든 거대한 재산의 배경에는 독점, 약탈, 도박의 요소들이 자리한다고 단언했습니다. "우리가 돈을 버는 곳은 늘 하는 사업 분야가 아니라, 우리가 독점권을 얻을 수 있는 분야입니다." 미국 내 최대의 제조업체 대표가 조지에게 했다는 말입니다. 오늘날 대한민국의 상황은 어떤가요? 140년 전 헨리 조지가 고발했던 사례들과 거의 비슷하지 않나요?

8장

자본주의 시장경제에서
경기변동은 왜 발생할까?

20세기 후반 이후 전 세계에서 '부동산 거품의 발생과 붕괴'Boom and Bust에서 비롯되는 금융위기와 경제 불황이 일어나고 있습니다. 그러자 토지투기를 불황의 주요 원인으로 보는 헨리 조지의 불황이론이 새삼 빛을 발하고 있습니다. 멀리는 1990년대 초반에 시작된 일본의 불황, 가까이는 2008년 전 세계에 가공할 금융위기를 유발한 미국의 서브프라임 모기지 위기는 다 엄청난 부동산 거품의 쓰라린 열매였습니다. 〈표 1〉은 미국의 지가 변동과 불황의 관계를 보여주는 표인데, 이에 따르면 지가가 최고점에 도달한 지 1~3년 후에 어김없이 불황이 찾아왔습니다. 이런 현상은 미국에서만 발생한 것이 아닙니다. 영국,

일본, 한국에서도 토지투기의 광풍이 불고 난 몇 년 후에 불황이 왔음을 확인해 주는 연구 결과가 여럿 나와 있습니다. 〈표 1〉은 시간적 선후 관계를 보여주고 있을 뿐이지만, 세계 곳곳에서 비슷한 현상이 발견된다는 사실은 그것이 선후 관계를 넘어선 인과관계일 가능성이 크다는 것을 시사합니다.

헨리 조지는 『진보와 빈곤』을 집필하는 과정에서 미래 토지가치에 대한 기대가 소득분배뿐만 아니라 경기변동에도 영향을 미친다는 사실을 불현듯 깨달은 것 같습니

〈표 1〉 지가 폭등과 불황 발발의 시간적 선후 관계(미국)

지가가 고점에 도달한 연도	불황 시작 연도
1818	1819
1836	1837
1854	1857
1872	1873
1890	1893
1907	1918
1925	1929
1973	1973
1979	1980
1989	1990
2006	2008

다. 그는 '진보 속의 빈곤'이 일어나는 이유를 증명한 제4권의 내용을 요약하는 단계에 와서 갑자기 '반복적으로 발작하는 산업불황의 근본 원인'이라는 제목의 장을 삽입하고는, 그것과 제4권을 요약한 장을 묶어서 제5권으로 편성했습니다.

『진보와 빈곤』 제5권 제1장은 한글 번역본으로 분량이 18쪽밖에 되지 않습니다. 하지만 거기에 담긴 불황이론은 미래 경제 상황에 대한 기대를 불황의 기본 원인으로 파악했다는 점에서 획기적입니다. 케인스 이전에 '기대'를 불황의 기본 원인으로 파악한 경제학자는 헨리 조지 외에는 없었기 때문입니다. 케인스는 20세기 최고의 경제학자로 평가받는 인물입니다. 토지가치 상승에 대한 기대가 토지투기를 유발하고 그것이 생산을 압박하여 불황이 일어난다고 설명하는 헨리 조지의 불황이론은 그의 계승자들에 의해 계속 발전하여 최근에는 조지스트들이 가장 자신 있게 주장하는 이론이 되었습니다. 조지스트 불황이론의 예측력은 2008년 글로벌 금융위기 당시에 확실히 증명되었습니다. 주류경제학자 누구도 엄청난 위기가 도래하고 있음을 눈치채지 못하고 있을 때, 조지스트 경제학자들은 2008년을 전후하여 대규모 위기가 찾아올 것이라고 경고했습니다.

자, 그럼 헨리 조지의 불황이론을 활용해 '시장경제에서 경기변동은 왜 발생할까?'라는 질문에 답해 볼까요? 앞 장에서 우리는 물질적 진보를 대표하는 세 가지 요인 (인구 증가, 기술 개선, 토지가치 상승에 대한 기대)이 분배에 어떤 영향을 끼치는지 분석한 헨리 조지의 이론을 살펴봤습니다. 조지는 세 가지 요인 모두 지대를 상승시키는 반면 [임금 + 이자]를 압박한다는 것을 밝혀냈습니다. 그는 이것을 토지사유제가 지배하는 사회에서 나타나는 일반적인 경향이라고 생각했습니다. 헨리 조지에게, 주기적으로 발작하는 산업불황은 이 일반적 경향이 강화되어 나타나는 결과였습니다.

일반적 경향이 강화되는 데 특히 큰 영향을 끼치는 것은 세 요인 중 토지가치 상승에 대한 기대입니다. 헨리 조지의 논리를 그대로 따라가 봅시다. 인구가 증가하고 기술 개선을 비롯한 각종 개선이 이뤄지는 사회에서는 토지가치가 꾸준히 상승합니다. 그 경우 사회 내부에서는 토지가치 상승이 미래에도 계속되리라는 기대가 생겨나면서 투기 목적으로 토지를 사들이는 사람들이 나타납니다. 투기가 점점 확산하면 토지가치는 정상적인 속도 이상으로 상승합니다. 토지가치의 투기적 상승이 일어나는 것이지요. 우리가 말하는 부동산 거품은 이때 만들어집니다. 이 과정이 계속되어 노동과 자본이 통상의 대가를 얻지 못할 정도까지 토지가치가 상승하면, 토지와 관련성이 높은 산업 부문부터 생산이 중단되기 시작합니다. 국민경제에서 큰 비중을 차지하는 부문에서 생산이 위축되면 그 부문 생산자와 노동자들의 물품 구매도 감소하고, 그 결과 다른 산업 부문에서도 생산이 중단되는 일이 일어납니다. 그 뒤에도 수요 중단과 생산 중단이 연쇄적으로 이어지면 전체 경제가 불황에 빠져듭니다.

요컨대 헨리 조지는 주기적으로 발작하는 산업불황의 원인을 투기 과열로 인한 생산 억제와 그로 인한 수요 억제에서 찾았습니다. 그렇다고 그가 다른 원인을 인정하지 않은 것은 아닙니다. 예를 들면 복잡한 생산 장치, 화폐의 결함, 양적 변화가 심한 상업신용, 보호관세 등이 불황을 발생시키는 주요 요인임을 인정했습니다. 하지만 그에게 가장 중요한 원인은 토지가치의 투기적 상승이었습니다.

헨리 조지에 따르면, 갑작스러운 불황이 발발한 이후에는 경기 침체가 한동안 이어집니다. 침체가 지속되는 동안에 임금이 내려가고, 투기적 상승을 거듭했던 토지가치도 떨어지고, 기술 개선이 이뤄져 노동 능률이 향상되면 불황은 끝이 나고 다시 활황기가 찾아옵니다. 그러나 이 때부터 위에서 말한 산업불황의 발발 메커니즘이 다시 작동하고, 그렇게 일정한 기간이 지나면 또 불황이 찾아옵니다. 경기변동이 주기성을 갖는다는 것은 잘 알려진 사실인데, 조지는 그 원인을 분명한 논리로 밝힌 것입니다.

불황의 진행 양상에 대한 헨리 조지의 설명도 매우 인상적입니다. 그의 지적은 마치 1997년 11월 한국에서 IMF 경제위기가 발발하던 당시의 상황을 그대로 묘사하는 듯합니다.

"모든 면에서 이상 없이 잘 움직이고 상공업이 활기를 띠면서 확장되다가 청천벽력처럼 갑자기 충격이 와서 은행이 붕괴되고 큰 제조업과 상업이 실패한다. 전 산업조직에 큰 충격을 가한 것처럼 실패에 실패가 거듭되며 모든 분야의 취업자가 일자리를 잃고 자본은 수익 없는 증권처럼 전락하고 만다."(『진보와 빈곤』, 286쪽)

조지는 이 과정을 역피라미드의 붕괴에 비유했습니다. 토지가치의 투기적 상승이 계속되는 경제는 바닥층만 성장이 제약되고 그 위층들은 계속 커지는 피라미드와 같습니다. 바닥에서 거부당한 생장력이 위층에서 자리를 찾으려 할 것이므로 당분간은 성장 속도가 빠를 테지만 결국에는 균형이 무너져서 피라미드는 갑자기 붕괴하게 됩니다. 이와 마찬가지로, 토지가치의 상승을 피해 토지와의 관련성이 적은 부문으로 노동과 자본이 몰려감에 따라 그 부문을 중심으로 성장 속도가 빨라질 수 있지만 결국에는 균형이 무너져 경제가 갑자기 위기에 빠져든다는 것입니다.

헨리 조지는 진보 속의 빈곤과 마찬가지로 반복적으로 발작하는 산업불황의 궁극적인 원인도 토지사유제, 즉 토지독점에서 찾았습니다. 조지가 보기에 노동과 자본이 토지에 자유롭게 접근할 수만 있다면 주기적 불황이 확산하고 지속하는 일은 없을 것입니다. 그 이유는 다음과 같습니다.

"이 배출구(토지를 가리킨다)가 열려 있다면, 자본과 노동이 경제 전반에 걸쳐서 지속적으로 울혈鬱血(혈류 장애로 혈액이 몰려 있는 상태) 증상을 보이는 일은 없을 것이다. 어느 산업 부문에서 상대적 과잉 생산의 징후가 나타나는 순간, 땅에서 직접 부를 추출하는 분야(예컨대 농업)로 자본과 노동이 이동해서 상대적 과잉 생산을 해소할 것이기 때문이다."(『사회문제의 경제학』, 172쪽)

헨리 조지의 불황이론이 옳다면, 지금 한국 경제는 매우 위험한 상태에 놓여 있다고 해야 합니다. 지난 몇 년 사이 부동산값이 역사상 유례없이 폭등했기 때문입니다. 부동산값이 폭등했다고 하지만, 사실은 토지가격이 폭등한 것입니다. 앞서 보았듯이 조지는 이렇게 토지가격이 상승한 다음에는 갑자기 산업불황이 발발한다고 경고했습니다. 앞에서 제시한 〈표 1〉은 그 경고가 사실임을 보여줍니다. 지난 몇 년의 부동산값 폭등이 유례가 없을 정도였던 만큼 앞으로 도래할 불황도 매우 심각하게 전개될 가능성이 큽니다. 정부도 국민도 마음 단단히 먹고 대비해야 하는 상황입니다.

9장

해결책은 무엇일까?

　진보 속의 빈곤, 주기적으로 발발하는 산업불황, 분배 불평등의 원인을 인간 본성이나 창조주가 정해 놓은 사회 법칙, 자본의 역할에 돌리는 견해에 대해 헨리 조지는 단호하게 반대합니다. 어떤 사람들은 엄청난 부를 누리는데 다른 사람들은 비참한 가난에 고통받아야 하는 현실은 우리가 일부에게 독점과 특혜와 강탈을 허용하는 나쁜 사회제도를 도입했기 때문에 생겼다고 주장합니다. 조지에게 토지사유제는 대표적으로 나쁜 사회제도입니다. 이 제도를 바로잡지 않으면 현대 사회를 고통에 빠뜨리는 경제문제를 해결할 방법이 없습니다.

▎3대 경제문제의 배후에 자리한 토지사유제

헨리 조지가 직접 언급하지는 않지만, 토지사유제 때문에 생기는 경제문제는 하나 더 있습니다. 바로 환경문제입니다. 부동산으로 불로소득을 취하는 일이 자주 일어나고 이용 목적이 아니라 투기 목적으로 토지를 보유하는 사람이 늘어나면, 토지 이용 양태와 환경이 영향을 받을 수밖에 없습니다. 교통 좋고 쓸모 있는 도시 토지들이 유휴화하거나 제대로 이용되지 않는 바람에 보존해야 할 도시 외곽이나 농촌의 땅들이 무분별하게 개발되기 때문입니다. 토지의 투기적 보유는 도시의 과잉 확장, 난개발, 환경 파괴를 유발하는 주범입니다. 좋은 위치의 도심지 땅이 아예 비어 있거나 그 위에 2, 3층짜리 낡은 건물이 들어서 있는 것을 본 적이 있을 것입니다. 도시 외곽이나 농촌에서 공장 부지로는 부적합한 땅에 버젓이 공장이 들어서서 공해를 유발하며 환경을 파괴하는 것을 본 적도 있을 것입니다. 이는 모두 토지의 투기적 보유가 만들어낸 풍경입니다.

전 세계의 환경과 기후에 엄청난 해악을 끼치고 있는 아마존강 유역의 강우림 파괴도 토지의 투기적 보유에서 비롯되었다는 사실을 아는지요? 브라질에서 빈곤층이 토지를 무상으로 취득해 생계를 유지할 수 있는 곳은 아마존강 유역의 강우림 지대뿐이라고 합니다. 도시와 농촌에서 자기 땅을 갖지 못한 사람들이 이곳으로 대거 이주해 나무를 베고 불을 지른 후 농사를 짓습니다. 한 곳에서 지력이 고갈되면 다른 토지를 찾아서 밀림 안으로 더 깊이 들어갑니다. 거기서 다시 불을 지르고 농사를 짓는 것이지요. 만일 이들이 도시와 농촌에서 자기 땅을 가질 수 있었더라면, 아니, 소작지라도 괜찮은 조건으로 구할 수 있었더라면, 강우림이 파괴되는 일은 없었을 테지요.

불평등과 양극화, 주기적 불황, 환경 파괴의 배후에 토지사유제가 자리하고 있으니 이를 고치는 일은 무엇보다 시급하다고 해야겠지요. 이 세 가지는 현대 사회를 고통에 빠뜨리는 3대 경제문제라 불리니 말입니다.

토지사유제의 폐해를 해결할 대책은 무척 간단합니다. 모든 사람에게 평등지권, 즉 토지에 대한 평등한 권리를 보장하면 됩니다. 생각하기에 따라서 이는 너무나도 쉬운 일입니다. 이 권리는 창조주가 모든 사람에게 부여한 자연권이기 때문입니다. 모든 사람에게 토지에 대한 평등한 권리가 있다면, 인구가 아무리 많고 사회가 아무리 복잡하다고 하더라도 창조주가 준 원료를 사용해 노동으로 만드는 것보다 더 많은 부를 차지할 수 있는 사람은 없겠지요. 땀 흘리는 만큼 부를 얻고, 게으르면 그만큼 누리는 몫이 적어지는 사회, 그런 곳에서 사람들은 더 부지런하고 도덕적인 존재, 더 좋은 노동자, 더 좋은 시민이 될 것이라고 헨리 조지는 장담합니다.

어떻게 하면 모든 사람에게 평등지권을 보장할 수 있을까요? 얼핏 생각하면 토지 자체를 모든 사람에게 똑같이 나눠주는 방법이 떠오릅니다. 역사에 이런 방법으로 토지를 분배한 사례가 있지요. 이스라엘 백성이 가나안 땅을 점령한 후 지파별·가족별로 토지를 분배한 경우라든가 해방 후 대한민국에서 농지개혁으로 지주의 땅을 유상 매수해 소작농에게 유상 분배한 경우가 대표적입니다. 고려 말 귀족들의 토지를 몰수해 농민들에게 분배한 과전법 개혁도 마찬가지입니다.

하지만 이 방법에는 결함이 있습니다. 공평한 분배 자체가 어려울 뿐만 아니라, 설사 공평하게 분배했다 하더라도 시간이 흐르면서 처음의 공평한 상태를 유지하기 어려워지기 때문입니다. 토지를 공평하게 분배하려면 면적이 아니라 가치에 따라 해야 하는데, 토지가치를 정확하게 평가하는 일은 쉽지 않습니다. 게다가 토지는 가치가 계속 변하기 때문에 면적으로는 그대로일지라도 재산 가치에는 격차가 생길 수밖에 없습니다. 토지매매가 허용되기라도 하면, 토지 집중이 일어나서 면적 분배의 공평성도 무너집니다. 그러므로 토지 자체를 공평하게 분배했다 하더라도 모든 사람이 토지에 대한 평등한 권리를 영구적으로 누리기는 어렵습니다. 농지개혁으로 한때나마 평등한 토지권의 이상을 실현했던 대한민국이 '부동산공화국'으로 전락한 것은 대표적 사례입니다.

헨리 조지는 토지의 면적이 아니라 가치에 주목했습니다. 토지에서 발생하는 지대 소득을 모든 국민이 골고루 누릴 수만 있다면, 그로써 평등지권의 이상을 실현한다고 생각했지요. 그는 토지에서 발생하는 지대 소득을 모든 국민이 골고루 누리도록 하는 데는 두 가지 방법이 있다고 보았습니다. 하나는 토지를 국가나 공공이 소유하면서 민간에게 임대해 임대료를 징수하는 방법이고, 다른 하나는 현재의 토지 소유 상태를 그대로 유지하되 지대 소득을 가능한 한 많이 세금으로 징수하는 방법입니다. 전자는 토지공공임대제, 후자는 토지가치세제라고 불립니다.

▌헨리 조지는 반대했으나 주목해야 할 대안, 토지공공임대제

  헨리 조지는 『진보와 빈곤』 제8권에서 '토지에 대한 평등한 권리를 확립하고 보장하는 방법'의 하나로 토지공공임대제를 소개합니다. 그가 생각한 토지공공임대제는 단번에 토지의 사적 소유권을 모두 없애고 토지 공유를 선언한 다음, 토지개량물의 소유권을 완벽히 보호한다는 조건으로 토지를 최고가격 청약자에게 임대하는 방식이었습니다. 토지의 임대차는 입찰을 통해 이뤄집니다. 공공토지 입찰에서 최고가격을 제시하는 사람은 토지를 가장 잘 사용할 수 있는 사람일 것입니다. 토지공공임대제 아래에서 국가나 공공은 국·공유지 임대를 통해 막대한 임대료를 걷게 될 텐데, 이 수입을 모든 국민에게 골고루 혜택이 돌아가도록 사용하기만 한다면 평등지권이 실질적으로 보장될 수 있겠지요. 헨리 조지는 허버트 스펜서 Herbert Spencer, 1820~1903와 같은 뛰어난 사상가도 이 제도를 지지했다며, "(그것은: 인용자) 아주 단순한 사회에서 토지를 균등하게 분배할 때와 같은 권리의 평등성을 복잡한 현대 사회에서도 구현할 수 있고, 토지를 가장 잘 이용할 수 있는 사람에게 사용권을 주어 최대의 생산을 확보할 수 있다"(『진보와 빈곤』, 408쪽)라고 긍정적으로 평가했습니다.

그러나 헨리 조지는 토지공공임대제 도입에 대해 사실상 반대했습니다. 사회에 필요 이상의 충격을 주고 정부 기구를 쓸데없이 확대할 우려가 있다는 이유에서였습니다. 정부가 모든 토지를 몰수해 공유를 선언한다면 사회에 엄청난 충격을 주겠지요. 지금 대한민국에서 이런 일을 추진한다면 폭동이나 내전이 일어날지 모릅니다. 또 국가가 모든 토지를 소유하면서 민간에게 임대하는 일도 말이 쉽지, 정말 방대한 업무가 될 수밖에 없습니다. 그러니 정부 기구가 쓸데없이 확대되는 일도 피할 수 없겠지요. 따라서 토지공공임대제에 대한 조지의 우려에는 나름 상당한 근거가 있다고 볼 수 있습니다.

그렇다면 토지공공임대제를 현실성이 떨어지는 제도로 여겨서 폐기해버려야 할까요? 제 생각에는 그러면 안 될 것 같습니다. 헨리 조지 사후 이 제도를 실제로 도입해서 좋은 성과를 거둔 지역이 여러 곳 있기 때문입니다. 싱가포르, 홍콩, 네덜란드, 스웨덴, 핀란드, 이스라엘 등은 전국적 또는 국지적으로 토지공공임대제를 적용해왔으며,

영국의 전원도시Garden City, 오스트레일리아의 캔버라시, 미국 뉴욕시의 배터리파크Battery Park는 토지공공임대제의 원리를 도시건설에 적용해 눈부신 성공을 거뒀습니다. 중국은 1980년대에 도시토지 유상사용 방식을 처음 도입한 이래 이 제도를 계속 확대해왔습니다. 물론 중국은 토지공공임대제를 운영하면서 토지 임대료 산정을 안이하게 하는 바람에 토지 사용권을 둘러싼 투기가 도시 지역에서 기승을 부렸습니다. 사회주의 국가 중국에서 부동산 투기가 일어난다는 데 대해 의아하게 여기는 사람이 있지만, 사실 이는 이상한 일이 아닙니다. 중국에서는 시장 임대료와 공식 임대료 사이에 차이가 있을 뿐만 아니라 그 차이가 계속 벌어지고 있어서 일단 토지 사용권을 확보한 사람은 가만히 앉아서 토지 불로소득을 차지할 수 있기 때문입니다. 중국에서 부동산 투기는 토지 소유권이 아니라 토지 사용권을 둘러싸고 벌어지고 있습니다.

헨리 조지는 토지공공임대제를 도입할 때 단번에 모든 토지를 몰수하는 방법을 예로 들었지만, 그런 과격한 방법 말고 기존 국·공유지를 활용하거나 민간 사유지를 매입해서 임대하는 온건한 방법도 있습니다. 실제로 이 제도를 도입해 성공시킨 지역들은 대부분 두 번째 방법을

핀란드 헬싱키 시청

싱가포르 도시 전경

싱가포르 시내 친환경적 건물

활용했습니다. 오늘날 많은 나라에서 국가나 공공이 민간 사유지를 매입해서 국·공유지를 확보하는 토지비축 제도를 운영하고 있습니다. 이 제도를 적극적으로 시행하면서 토지공공임대제를 점차 확대한다면, 헨리 조지가 우려한, 사회에 엄청난 충격을 주는 일을 피할 수 있습니다. 국·공유지 관리 업무로 정부 기구가 확대되는 문제는 여전히 남겠지만, 제도 도입으로 도시계획 기능 제고, 부동산 투기 억제, 사회간접자본 건설비용 절감, 주거문제 해결 등 다양한 효과를 기대할 수 있으니 플러스 효과가 더 크리라 생각합니다. 더욱이 시간이 갈수록 증가하게 되어 있는 토지 임대료 수입까지 고려하면 정부 기구 확대 문제는 충분히 대처할 수 있는 문제일 것입니다.

▍세금으로 평등지권을!

헨리 조지는 조세제도를 활용하여 토지에 대한 평등한 권리를 보장하자고 제안했습니다. 토지를 몰수하고 분배하는 일 없이 지대를 조세로 징수해 모두를 위해 사용하자고 주장한 것입니다. 조지는 이 제도를 토지가치세제라고 불렀습니다. 토지가치세제는 지대의 대부분을 조세로 징수하는 것 말고는 토지제도를 그대로 유지합니다. 기존 토지 소유자는 그대로 토지를 가지게 합니다. 토지의 매매나 유증·상속도 허용합니다. 그러나 토지 소유권의 알맹이인 지대를 국가가 징수하기 때문에 "토지 소유가 누구의 명의로 되어 있건 토지 소유량이 얼마가 되건 간에 토지는 실질적으로 공동재산이 되며, 사회의 모든 구성원이 토지 소유의 이익을 공유"할 수 있습니다(『진보와 빈곤』, 410쪽).

19세기 말~20세기 전반 영국에서 조지스트 운동을 이끌었던 프레더릭 버린더Frederick Verinder, 1858~1948는 토지가 치세제가 복잡한 현대 사회에서 모든 사람에게 평등지권을 보장할 수 있는 최선의 방책임을 적절한 비유를 들어 설명했습니다. 그의 말을 들어볼까요?

"(토지를: 인용자) 물리적으로 분할하지 않으면서 모두 함께 평등한 권리를 주장하는 것은 쉽기만 하다. 어느 아버지가 자기 아이들에게 떡을 한 덩어리 준다면, 그들이 그것을 똑같게 잘라 가짐으로써 평등한 권리를 주장하는 것은 당연한 일이다. 그러나 그가 조랑말을 한 마리 준다면, 그들은 조랑말을 나누지 않고 그것을 쓸 권리를 나눌 것이다. 그가 그들에게 집을 한 채 물려주면서 똑같은 몫을 가지라고 한다면, 그들은 그 집에서 사는 권리를 똑같이 나누어도 좋을 것이고, 각자에게 필요한 방의 크기에 따라서 그 집을 불균등하게 차지하면서 사용료를 내어 공동의 기금을 만든 다음에, 이 기금에서 각자가 균등한 몫을 꺼내어 쓰도록 해도 좋을 것이고, 그 집 전부를 다른 사람에게 빌려주고 받게 되는 임대료를 똑같이 나누어도 좋을 것이다."[6]

토지가치세는 세금의 일종입니다. 이 세금이 토지에 대한 평등한 권리를 보장하는 수단이 될 수 있다 하더라도, 세금의 기능이 뒤떨어진다면 도입을 주저할 수밖에 없습니다. 세금으로서 토지가치세는 점수를 얼마나 받을까요? 경제학자들은 오래전부터 조세를 평가하기 위한 기준을 개발해 왔습니다. 경제학에서는 이 기준을 조세원칙이라고 부르는데, 헨리 조지는 자신의 조세원칙으로 다음 네 가지를 제시했습니다.

① 조세가 생산에 주는 부담이 가능한 한 적을 것
② 조세의 징수가 쉽고, 징수 비용이 저렴하며, 조세가 가능한 한 궁극적인 납세자에게 직접적으로 부과될 것
③ 조세가 확실성을 가질 것
④ 조세 부담이 공평할 것

헨리 조지는 『진보와 빈곤』 제8권 제3장에서 이렇게 4대 조세원칙을 제시한 후, 무려 12쪽(한글 번역본 기준)에 걸쳐서 토지가치세가 네 가지 기준 모두에서 최고 점수를

---

6 프레더릭 버린더, 1996, 『내 이웃의 지계표: 하나님의 토지법』, 67쪽.

받는다는 것을 증명했습니다. 이 세상에는 많은 세금이 있지만, 이런 세금은 거의 없지요. 여기서 그의 논증을 상세히 소개하는 일은 피하겠습니다. 다만, 그것이 자화자찬이 아니라는 점은 말해두고 싶습니다. 신고전학파 경제학의 창시자인 앨프레드 마셜, 마셜의 수제자로 후생경제학 분야를 개척한 아서 피구Arthur C. Pigou, 1877~1959, 제도학파 경제학의 시조 존 커먼스John R. Commons, 1862~1945, 노벨경제학상 수상자인 윌리엄 비크리와 조지프 스티글리츠 등 저명한 경제학자들이 토지가치세의 우수성을 인정했습니다. 오죽하면 세금 그 자체를 혐오하는 시카고학파의 거두 밀턴 프리드먼Milton Friedman, 1912~2006조차 "모든 세금 가운데 가장 덜 나쁜 세금은 헨리 조지가 주창한 토지가치세"라고 말했겠습니까?

토지가치세제는 '최고의 세금'으로 모두에게 평등지권을 보장하자는 내용이므로 최소한 논리적인 차원에서 여기에 반대할 수는 없을 것입니다. 다만 한 가지 문제는 있습니다. 헨리 조지가 토지가치세를 도입하는 대신 토지가치 이외의 대상에 부과하는 모든 조세를 철폐하자고 주장했기 때문입니다. 토지가치세 수입을 다른 세금을 철폐하는 데 사용하자는 것이지요. 토지가치세가 토지단일세로 알려진 것은 이 주장 때문이었습니다. 이때 헨리 조지가 제시한 논거는 노력소득에 부과하는 많은 세금이 정의롭지도 않을뿐더러 경제활동을 위축시킨다는 사실이었습니다. 노력소득에 부과하는 세금은 인간의 노력과 근면, 기술개발, 절약 등에 벌금을 매기는 효과를 내지요.

토지가치세 외의 많은 세금이 정의롭지도 않고 효율적이지도 않다는 것은 사실이지만, 그렇다고 해서 토지가치세 수입을 감세의 재원으로 사용하는 방식을 정당화하기는 어려울 듯합니다. 감세의 혜택을 모든 국민에게 평등하게 돌아가게 만드는 것이 사실상 불가능할 뿐만 아니라, 이미 누진세를 포함해 각종 세금이 부과되고 있는 상황에서 감세 정책을 펼치면 대기업과 고소득층이 혜택을 독점할 것이기 때문입니다.

조지스트 중에는 토지가치세 수입을 감세에 쓰지 말고 모든 국민에게 1/n씩 똑같이 기본소득으로 나눠주자고 주장하는 사람들이 있습니다. 주식회사에서 주주에게 배당금을 지급하듯이 국가가 토지가치세 수입으로 주권자인 국민에게 국토배당금을 지급하자는 말입니다. 이는 토지가치세 수입으로 다른 세금을 감면하자는 주장보다는 평등성을 구현하는 효과가 큰 방안이라고 판단됩니다. 헨리 조지가 이야기한 내용이라고 해서 무조건 받아들여서는 안 되겠지요. 그가 평등지권을 보장하기 위해서라고 말하면서 토지가치세 수입을 다른 세금을 철폐하는 데 사용하자고 한 것은 명백한 오류였습니다.

10장

절벽 건너편 낙원으로
어떻게 건너가야 할까?

헨리 조지는 『진보와 빈곤』 제9권에서 토지가치세제가 생산, 분배, 개인과 계층, 사회조직과 사회생활에 미치는 효과를 상세히 설명합니다. 이를 요약하면, 토지가치세제는 토지의 생산적 이용을 촉진하고, 토지가치의 급격한 변동과 경기변동을 완화하며, 분배를 평등하게 하고, 빈곤으로 인한 사회악을 줄입니다. 독자 여러분이 이 부분을 읽는다면, 토지가치세제가 전체 사회제도 가운데 한 부분을 고치는 정도가 아니라 사회 전반을 개혁하는 열쇠임을 깨닫게 될 것입니다. 『진보와 빈곤』 제9권 마지막 부분에서 조지는 다음과 같이 말합니다. 그가 토지가치세제를 제안하며 얼마나 고상한 꿈을 꾸었는지 여실히 드러나지 않습니까?

"(토지가치세제 도입으로: 인용자) 궁핍 내지 궁핍에 대한 두
려움을 제거하고 모든 계층에게 여가, 편안함, 독립, 점잖고
세련된 생활, 정신적·도덕적 발전의 기회를 주면 사막에 물
을 대는 것과 같은 효과가 나타날 것이다. 불모의 황무지에
신록이 덮이고, 생명이 없는 몹쓸 땅에 오래지 않아 수목이
그림자를 드리우며 새의 노랫소리가 들릴 것이다. 지금은
감추어진, 자질, 있을 것 같지 않은 능력이 나타나서 인간의
생활을 풍요롭고 충실하고 행복하고 고상하게 해 줄 것이
다."(『진보와 빈곤』, 473~474쪽)

헨리 조지는 토지가치세제 도입으로 이뤄질 사회를 "인
류가 오랫동안 꿈꿔온 황금시대"로 묘사합니다. 조지에게
그것은 "기독교 정신의 극치이며 지상에 실현되는 하느님
의 나라로서, 벽옥 담장과 진주 대문을 가진 곳", 즉 "평화
의 왕Prince of Peace이 다스리는 나라"였습니다(『진보와 빈곤』,
552쪽). 그는 토지가치세제를 통해 인류가 오랫동안 꿈꿔
온 낙원이 지구상에 실현되리라 예언한 것입니다. 세금
하나를 도입해서 그 수입을 모두에게 공평하게 분배하는

간단한 조치 하나로 낙원을 이룰 수 있다고 하니 이 얼마나 가슴 뛰게 하는 말입니까?

저는 헨리 조지의 주장대로 제도를 개혁해 모든 사람에게 토지에 대한 평등한 권리를 보장하기만 한다면 "인류가 오랫동안 꿈꿔온 황금시대", 즉 낙원을 이룰 수도 있지 않을까 생각합니다. 문제는 그 낙원이 절벽 건너편에 있다는 사실입니다. 인류가 낭떠러지를 건너가기만 하면 불평등도, 빈곤도, 불황도, 환경 파괴도 없는, 그래서 모두가 풍요롭고 충실하고 행복하고 고상한 삶을 누리는 세상을 만날 수 있을 텐데, 그곳으로 건너갈 구름다리가 보이지 않으니 난감한 일 아닙니까?

헨리 조지는 『진보와 빈곤』에서 낙원을 실현할 방법을 자신 있게 제시했지만, 『사회문제의 경제학』에서는 실제 절벽 건너편으로 건너가는 일이 만만치 않음을 토로했습니다. 물질적 진보가 진행됨에 따라 사회는 점점 더 복잡해지는데, 사회문제를 처리하는 데 발휘되어야 할 지능이 개인의 필요를 충족시키고 물질적인 목적을 달성하는 데 발휘되는 지능을 따라가지 못한다는 것이 근본 원인입니다. 불평등과 양극화가 심한 곳에서는 형식적 민주주의가 실현된다 하더라도 '사회적 지능'은 억압당하기 마련이고 절벽 건너편 낙원으로 건너갈 길을 찾기는 어렵다는 것이 조지의 판단이었습니다.

헨리 조지가 말하는 사회적 지능은 소수가 아니라 다수의 지능이라야 합니다. 그것은 지적 능력만을 의미하지 않고, 종교적 감성에서 나오는 생명력과 인간의 고통에 대한 동정심에서 나오는 따뜻함을 가지고 있어야 하며, 이기심을 초월해 정의를 추구해야 합니다. 다수의 국민이 정의감과 이타심과 동정심 그리고 자신이 속한 사회에 깊은 관심과 애정을 가질 때 복잡한 사회문제를 능히 처리할 수 있는 사회적 지능이 형성됩니다. 이런 사회적 지능은 자연적으로 형성되지도, 형식적 민주주의에 의해 발달하지도 않습니다. 현실적으로 사회적 지능의 형성·발달이 이처럼 어려운데, 어떻게 절벽 건너편 낙원으로 건너갈 구름다리를 발견할 수 있겠습니까?

많은 사람이 정치인에게 기대를 걸지만, 헨리 조지는 아무 소용 없을 것이라고 단언합니다. 그의 말을 직접 들어볼까요?

"모든 정치문제의 저변에는 부의 분배와 관련된 사회문제가 존재한다. 우리 국민들은 이 사실을 깨닫지 못하고 돌팔

이들의 말에 귀를 기울이고 있다. 이 돌팔이들은 질병을 근본적으로 치유하는 데는 관심이 없고 증상을 고치겠다는 약속만 내뱉는다. '투표로 좋은 사람을 뽑자' 돌팔이들의 말이다. 좋다. 새 꼬리에 소금을 뿌려서 새를 잡자! … 우리는 조금씩 지배계급, 즉 집정관 계급을 구별 짓고 있다. 그들은 정치권력을 획득하고는 팔아먹는 자들이다. 예전과 달리 지금 부상하고 있는 정당 지도자들은 웅변가나 정치인이라기보다는 민첩한 경영자에 가깝다. 그들은 노동자들을 다룰 줄 알고, 부자들을 결속시킬 줄 알며, 돈을 벌고 쓸 줄 안다. 추종자들을 모으고, 그들을 결집시키는 데도 능하다. 서로 경쟁할 때보다는 연합할 때 이익이 더 많아진다는 사실을 깨달은 철도회사 경영자들이 서로 연합하듯이, 한 정당조직이 다른 정당조직을 보완하고 있다. 그리하여 난공불락의 패거리들이 형성되고, 선거 결과가 어찌 되든 대부호들은 목적을 달성한다."(『사회문제의 경제학』, 35~36쪽)

그렇다면 어떻게 하자는 말일까요? 혹시 혁명을 일으켜 사회를 뒤집어엎자는 걸까요? 아닙니다! 헨리 조지는 『사회문제의 경제학』 결론에서 "사회개혁은 고함과 아우성으로, 불평과 비난으로 달성되는 것이 아니다. 정당을 결성하고 혁명을 도모한다고 해서 되는 것도 아니다"라고 분명히 말했습니다. 헨리 조지가 제시한 방법은 사상을 전파해서 국민의 생각을 각성시키고 진보시키는 것이었습니다. 따라서 그에게 가장 중요한 일은 교육, 즉 사상을 전파하는 것이었습니다. 교육의 도움이 없이는 사회적 지능의 발달을 기대할 수 없다는 것이지요.

"올바른 생각이 없으면 올바른 행동이 나올 수 없고, 올바른 생각이 있으면 반드시 올바른 행동이 나온다. 힘은 항상 대중의 손에 있다. 대중을 억압하는 것은 그 자신의 무지와 근시안적 이기심이다. ⋯ 생각할 수 있는 사람이라면 누구나 이 일에 이바지할 수 있다. 방법은 간단하다. 처음에는 자신의 생각을 분명하게 하고, 그다음에는 만나는 사람들의 생각을 각성시키기 위해 노력하는 것이다. ⋯ 누구든 고상한 사상을 갖게 되면, 횃불을 붙이는 불꽃을 피울 수 있고, 숫자가 많든 적든 만나는 사람들에게 영향을 끼칠 수 있다. 그 영향이 어디까지 이어질지 그는 알 수 없을 테지만 포도원 주인[the Lord of the Vineyard(하느님을 가리킨다)]은 알 것이다."(『사회문제의 경제학』, 303~304쪽)

불의한 사회와 왜곡된 제도를 바로잡으려면 힘에 의존할 수밖에 없다고 믿는 사람들이 의외로 많습니다. 혁명을 일으켜 사회를 뒤집어엎으면 일시적으로 목표를 달성할 수 있을지는 모르겠습니다. 그러나 대중이 올바른 생각으로 무장되지 않으면, 소수의 사람이 기득권을 차지한 채 사회제도를 자신들에게 유리하게 만드는 것은 시간문제입니다. 여기서 우리는 "민주주의의 최후의 보루는 깨어 있는 시민의 조직된 힘"이라고 역설했던 고 노무현 대통령을 떠올리게 됩니다. 헨리 조지에게도, 고 노무현 대통령에게도 사회를 올바른 방향으로 이끄는 궁극적인 힘은 대중의 각성에서 나오는 것이었습니다.

3부

헨리 조지의 눈으로 바라본
대한민국

11장

대한민국은 부동산공화국

저는 2019년에 『부동산공화국 경제사』라는 책을 출간했습니다. 그 책 프롤로그에서 저는 이렇게 썼습니다.

"한때 자발적인 근로 의욕과 창의력, 높은 저축열, 뜨거운 교육열과 학습열, 모험적인 기업가 정신으로 충만한 사람들이 땀 흘리고 절제하며 노동하고 기업을 일구고 자식을 공부시키며 공평한 경제성장을 이끌었는데, 이들은 다 어디 가고, 생산적 투자에는 관심 없이 비업무용 땅 사재기에 올인하는 기업, 대출받아서 갭투자하는 데 관심과 정력을 다 쏟는 회사원, 부동산 특강 강사를 따라 아파트 사냥 투어에 나서는 부녀자, 건물주가 꿈인 중학생이 우리 사회의 상징

처럼 떠올랐을까? 도대체 무슨 일이 있었던 걸까?"(『부동산 공화국 경제사』, 11-12쪽)

대한민국은 제2차 세계대전 후 농지개혁에 성공한 몇 안 되는 나라 가운데 하나입니다. 지주가 소유한 농지를 유상매수하여 소작농에게 유상분배하는 개혁에 성공함으로써 한국은 일시적이나마 평등지권 사회를 실현했습니다. 그 결과 대한민국에는 한동안 자발적인 근로 의욕과 창의력, 높은 저축열, 뜨거운 교육열과 학습열, 모험적인 기업심이 분출했지요. 외국 학계에서는 1960년대 이후 한국 경제의 성장이 '공평한 고도성장'이었다는 사실에 주목합니다. 성장이 빨랐으면서도 분배 문제가 생기지 않았다는 것이지요. 공평한 성장과 빠른 성장은 모두 농지개혁의 효과였습니다.

▌한국의 땅값은 선진국 최고 수준

하지만 이와 같은 농지개혁의 효과는 오래가지 못했습니다. 1960년대 후반 이후 공업화와 도시화가 빠른 속도로 진행되면서 여기저기서 땅값이 폭등하자, 토지를 사두면 어렵지 않게 부자가 될 수 있다는 것을 깨달은 사람들이 나오기 시작했습니다. 그들이 부동산 투기로 큰돈을 벌었다는 사실이 알려지면서 회사원이나 주부와 같은 일반 시민 중에서도 투기에 가담하는 사람이 나옵니다. 생산적 투자에 열심을 내야 할 기업들도 넓은 땅을 사놓고 값이 오르기를 기다리는 비정상적인 모습을 드러냈고요. 건물주가 꿈인 중학생이 우리 사회의 상징처럼 떠오른 것은 이 과정의 최종 결과였습니다. 자라나는 청소년들이 땀 흘리고 노력해서 성공하려는 꿈 대신 불로소득으로 한평생 빈둥거리며 살려는 꿈을 꾸는 나라에 과연 미래가 있을까요?

말로만 이런 사실을 지적하면 '한국뿐 아니라 다른 나라도 다 마찬가지'라는 말로 대응하는 사람들이 있습니다. 그러니 객관적인 자료와 통계로 대한민국의 실상을 밝힐 필요가 있겠지요.

〈그림 1〉은 경제협력개발기구OECD 15개 국가를 대상으로 GDP 대비 땅값의 배율을 계산해서 그린 것입니다. 현재 OECD 가입국은 38개국인데 15개국만 대상으로 그래프를 그린 이유는 지가 통계를 OECD에 보고하는 나라가 15개국이고 나머지 나라들의 통계는 아직 수집되지

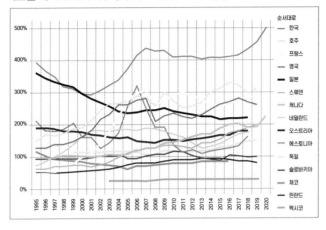

〈그림 1〉 OECD 15개국의 GDP 대비 지가 배율

않고 있기 때문입니다. GDP 대비 땅값 배율이란 그 나라 땅값 총액이 GDP의 몇 배인가를 보여주는 지표로, 땅값 수준을 국제적으로 비교할 때 흔히 사용합니다. 한국의 GDP 대비 땅값 배율은 2019년 4.6, 2020년 5.0으로 15개국 가운데 압도적인 1위를 차지했습니다. 나머지 14개국에서 이 배율은 대부분 3 미만이고, 1 미만인 국가도 있습니다. 한국의 수치가 비정상적으로 높다는 것을 알 수 있습니다.

2019년과 2020년 한국의 수치는 2000년대 들어 최고치였던 2007년 수준(4.4)을 넘어선 값이라는 데 유의하기 바랍니다. 또 최근 몇 년 사이에 이 배율이 빠른 속도로 상승하는 점도 주목해야 할 현상입니다. 이는 최근 몇 년 사이의 투기 광풍이 초래한 결과입니다. 2019년을 기준으로 한국의 GDP 대비 땅값 배율은 독일의 3.0배, 영국의 1.8배, 핀란드의 5.6배, 멕시코의 15.3배 수준이고, 인구밀도가 비슷한 네덜란드의 2.6배입니다. 한마디로 한국의 땅값은 선진국 최고 수준이고, 추측건대 세계 최고 수준입니다.

부동산 투기가 기승을 부리던 1980년대 말, 이미 한국 사회에서는 한국 땅을 모두 팔면 미국 땅 절반을 살 수 있고, 캐나다 땅을 여섯 번, 프랑스 땅을 여덟 번 살 수 있다는 이야기가 나돌았습니다. 그 후 지금까지 한국의 땅값이 세계 최고 수준이라는 말은 계속해서 많은 사람 사이에 떠돌았습니다. 〈그림 1〉은 사람들의 입에 오르내리던 이런 말들이 근거 없는 이야기가 아니었음을 입증해줍니다.

대한민국의 땅값이 세계 최고 수준이라고 말하면, '그게 뭐가 나쁜가요? 우리 국민이 부자라는 이야기 아닌가요?'라고 반응하는 사람들이 있습니다. 땅이 모든 국민에게 평등하게 분배되어 있다면 그런 말을 할 수 있을지 모릅니다. 그러나 농지개혁 이후 수십 년이 지나는 사이에 토지는 점점 소수에게 집중되었고, 토지 소유도 매우 불평등해졌습니다. 이런 상황에서 땅값이 계속 올랐으니, 소수의 지주만 이익을 누렸을 뿐 땅과 집이 없는 다수의 국민은 고통 속에 신음할 수밖에 없었습니다. 이정우 교수는 한국의 비싼 땅값은 "우리 국민에게 눈물의 씨앗"이라고 말합니다. 이 교수의 말을 직접 들어보겠습니다.

"땅값이 세계 최고이니 주택도 비싸고, 공장 부지도 비싸다. 땅과 집을 가진 사람들은 가만히 있어도 재산이 불어나는데 그 행렬에 끼지 못한 사람들은 살아가기 어렵고, 공장을 경영하기도 어려우며, 장사하기도 어렵다. 조그마한 가게를 운영하는 자영업자들은 새벽부터 밤중까지, 주말에도 쉬지 못하고 일에 매달려도 비싼 임대료 내고 나면 별로 남는 게 없다. 서민들은 집세 내느라 허리가 휠 지경이고, 집세 때문에 직장에서 멀고 먼 집에 살면서 통근에 고생이 여간 아니다."[7]

---

7 이정우, 2015, 「한국은 왜 살기 어려운 나라인가?」, 이정우 외, 『불평등 한국, 복지국가를 꿈꾸다』, 412쪽.

▌토지 소유 불평등의 실상

그럼 한국의 토지 소유가 어떤 상태에 있는지 구체적으로 살펴볼까요? 소득이나 자산의 불평등도를 측정하는 데 가장 많이 활용되는 지표는 지니계수입니다. 지니계수는 0에서 1 사이의 값을 갖는데, 0에 가까울수록 평등하고 1에 가까울수록 불평등하다고 해석합니다. 2019년 한국의 소득 지니계수는 0.339였던 반면, 전체 자산의 지니계수는 0.584였습니다[여기서 자산이란 금융자산, 부동산, 기타 실물자산(자동차 등)을 모두 포함하는 개념]. 소득보다 자산이 더 불평등하게 분배되는 현상은 전 세계 여러 나라에 공통되는데, 한국도 마찬가지인 셈이지요.

놀라운 점은 토지 소유의 지니계수가 이 수치들을 훨씬 초과한다는 사실입니다. 2019년 개인 토지 소유의 지니계수는 0.811, 법인 토지 소유의 지니계수는 0.927이었으니 토지자산의 불평등이 극심하다고 할 수밖에 없습니다. 토지 소유 지니계수를 개인과 법인(법률에 의해 권리 능력을 부여받는 집단이나 단체)으로 나누어 계산한 것은 국토교통부가 통계를 그렇게 구분하여 발표하기 때문입니다. 특히 법인 토지 소유의 지니계수는 2018년 이후 그

값이 0.921 → 0.927(2019년) → 0.930(2020년)으로 점점 증가하고 있어 상황이 아주 심각함을 보여줍니다. 최근 몇 년 동안 부동산 투기를 주도한 것이 개인이 아니라 법인이었다는 점을 고려하면 이는 어쩌면 당연한 결과라고 할 수 있습니다.

지니계수는 가장 널리 사용되는 분배 불평등 지표이지만, 전체 분배 상태를 하나의 숫자로 표현할 뿐 특정 계층이 차지하는 몫을 수치로 보여주지 못한다는 한계를 갖습니다. 따라서 지니계수만으로는 소득과 자산의 분배 상태에 관해 전체적인 윤곽밖에 그릴 수 없습니다. 이런 한계를 보완하기 위해 통계 당국에서는 '10분위 분배율'이나 '5분위 배율'과 같은 불평등 지표를 함께 사용합니다. 여기서 다른 지표에 관해 설명할 여유는 없으므로 생략하고, 상위 집중도라는 지표를 가지고 토지 소유 불평등의 실상을 좀 더 구체적으로 살펴보기로 하지요. 상위 집중도는 토지 소유 상위 계층이 전체 토지의 몇 퍼센트를 소유하는지 보여줍니다. 상위 계층을 0.1%, 1%, 5%, 10% 등으로 잡아서 각 계층의 토지 소유 비중을 계산하는데, 여기서는 토지 소유 상위 1% 계층, 5% 계층, 10% 계층의 토지 소유 비중이 각각 어느 정도인지, 그리고 어떻게 변화해 왔는지 살펴보기로 하지요.

〈표 2〉는 1993년 이후 2020년까지 개인과 법인의 상위 1%, 5%, 10%가 소유한 토지 비중을 보여줍니다. 모두 면적이 아니라 가격을 기준으로 계산한 값입니다. 우선, 2020년도의 수치를 볼까요? 개인의 경우 괄호 안의 수치를 보기 바랍니다. 괄호 밖의 수치는 토지를 소유한 세대만을 대상으로 계산한 것이고, 괄호 안의 수치는 토지를 갖지 않은 세대까지 포함하여 계산한 것입니다. 토지 소유 상위 집중도 수치는 언론에도 자주 보도되므로 그 값을 기억해두는 것이 좋겠습니다. 2020년 현재 대한민국 전체 세대 중 토지 소유 상위 10%가 가진 토지는 전체 개인 소유 토지의 68.1%이고, 법인의 경우 상위 1%(10%가 아닙니다!)가 가진 토지가 전체 법인 소유 토지의 75.1%에 달합니다. 반면 하위 50% 계층이 가진 토지는 개인의 경우 1%, 법인의 경우 0.95%에 불과했습니다. 2020년 현재 대한민국의 땅이 얼마나 소수에게 집중되어 있는지 적나라하게 보여주는 통계입니다.

이 표에서는 1993년 이후 토지 소유 상위 집중도의 변화 과정도 파악할 수 있습니다. 여기서 눈에 확 들어오는 특징은 개인은 상위 10%의 비중이 증가했고 법인은 상

〈표 2〉 토지 소유 상위 집중도 추이(가격 기준, 단위: %)

연도	개인			법인		
	상위 1%	상위 5%	상위 10%	상위 1%	상위 5%	상위 10%
1993	23.7	44.2	55.9	68.4	85.9	92.1
2012	23.2	45.3	58.6	70.2	84.6	89.9
2017	22.0	44.0	57.4	70.6	84.2	89.5
2018	21.8	43.7	57.1	70.5	84.0	89.3
2019	22.1	44.1	57.6	73.3	85.4	90.1
2020	22.3 (27.3)	44.2 (53.4)	57.6 (68.1)	75.1	86.2	90.6

위 1%와 5%의 비중이 증가했다는 점, 그리고 개인은 상위 집중도 증가 속도가 느린 반면 법인은 매우 빠르다는 점입니다. 특히 법인 상위 1%의 소유 비중은 1993년 68.4%에서 2020년 75.1%로 급증했습니다. 법인의 경우 최상위 계층으로의 집중 현상이 두드러졌다는 말입니다. 이는 재벌·대기업이 토지투기에 몰두했다는 사실을 보여주기도 하지만, 투기꾼들이 법인을 설립해 대대적으로 부동산 투기에 나선 결과이기도 합니다. 2019년 1월 1일 이후 1년 9개월 동안 한 개 법인이 3억 원 이하 주택을 무려 15,326채 사들인 사례가 있었음에 비추어, 법인을 가장한 전문 투기꾼들이 숨어 있다고 봐야 합니다.

한국처럼 토지 소유 불평등이 심한 경우, 토지소득의 많은 부분을 상위 소유자가 차지합니다. 시간이 갈수록 토지 소유의 집중이 점점 더 심해지고 있으니 상위 소유자가 누리는 몫도 점점 더 증가하겠지요. 토지소득은 일부 토지개량에 대한 대가를 제외하면 대부분 불로소득입니다. 지대가 불로소득이라는 사실은 앞에서 이미 설명했습니다만, 지대 외에도 토지 불로소득이 더 있다는 사실이 중요합니다. 바로 토지가치의 변화에 따라 생기는 시세 차익, 즉 토지 자본이득입니다.

〈그림 2〉는 몇 가지 거친 가정을 전제로 계산한 것이기는 하지만, 2011년 이후 토지 자본이득과 토지 임대소득을 합한 토지소득의 추이를 보여줍니다(토지 임대소득에는 토지개량에 대한 대가가 일부 포함되어 있으므로 토지소득 전부를 불로소득으로 보기는 어려움). 2015년까지 400조 원에 미달했던 토지소득은 2016년에 400조 원을 넘어섰고, 그 후 급격히 증가하여 2020년에는 무려 926조 원에 달했습니다. 이는 그해 GDP의 47.9%에 해당하는 거액입니다. GDP 대비 토지소득의 비율은 2016년에 25.1%였으므로, 4년 사이에 무려 22.8% 포인트가 증가한 셈입니다. 만일 한국의 토지 소유가 평등했다면, 이 엄청난 소득은

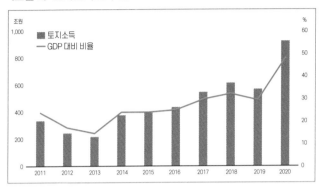

조원
1,000

■ 토지소득
— GDP 대비 비율

%
60

50

40

30

20

10

0

2011 2012 2013 2014 2015 2016 2017 2018 2019 2020

다수의 국민에게 골고루 돌아갔을 것입니다. 하지만 이미 토지는 소수에게 집중된 상황이므로 토지소득도 그들에게 집중되었을 것입니다.

대한민국에서 부동산은 불평등과 양극화의 주범입니다. 토지 소유가 극도로 불평등한 상태에서 막대한 토지 불로소득이 발생하면 토지를 가진 사람과 갖지 않은 사람 사이에, 또 토지를 많이 가진 사람과 적게 가진 사람 사이에 소득과 자산의 불평등이 심해집니다. 이는 계층 간 양극화라고 부를 수 있겠지요. 문제는, 부동산으로 인한 계층 간 양극화가 세대 간 양극화와 지역 간 양극화를 불러온다는 사실입니다. 최근 몇 년 사이에 50대 이하의 토지소유 비중은 뚜렷이 감소하고 60대 이상의 토지 소유 비중은 증가했습니다. 한창 일하는 세대의 토지자산 비중은 줄어들고 은퇴세대의 토지자산 비중은 늘어나는 아이러니한 현상이 나타난 것입니다. 한국에서 노인 세대가 보수 정당을 압도적으로 지지하는 배경에는 토지자산의 세대 간 양극화가 자리하고 있는 것으로 보입니다.

토지 불로소득의 지역 간 분포를 보면, 갈수록 지방의 비중이 눈에 띄게 감소함을 확인할 수 있습니다. 이는 주택 양도차익의 지역 간 격차에서 뚜렷이 드러납니다. 주택 양도차익은 토지 불로소득의 일부분에 불과하지만, 그 변화는 전체 토지 불로소득의 변화를 반영한다는 점에서 의미가 있습니다. 2014년 수도권 66.2%, 부·울·경(부산·울산·경남) 13.4%였던 주택 양도차익의 비중은 불과 5년 만에 각각 81.6%와 4.9%로 변했습니다. 수도권 주택 시장을 중심으로 투기 광풍이 몰아치는 가운데 주택 양도차익의 수도권 비중은 급증하고 부·울·경 비중은 급감한 것입니다. 그동안 부동산 때문에 지역 간 양극화가 얼마나 심했는지 알 수 있습니다.

투기꾼들이 법률의 허점을 이용해 마음 놓고 투기를 벌이고 그 과정에서 막대한 불로소득을 취득해도 아무런 제재가 가해지지 않는 나라, 기업들이 생산적 투자보다 토지투기에 더 신경을 쓰는 바람에 경제성장은 둔화하고 일자리 창출은 부진한 나라, 중산층과 서민층 그리고 2030 청년들이 부동산 매매로 '대박'을 친 사람들의 이야기에 마음을 빼앗겨 대거 '영끌 투자'에 나서는 나라, 공기업 직원·국회의원·공무원·법률가들이 각종 편법과 불법으로 개발지역 부근 농지를 매입해 이득을 취해도 괜찮은 나라, 이런 나라를 부동산공화국이라고 부르지 않는다면 도대체 무엇이라 불러야 하겠습니까? 아무리 생각해도 대한민국은 부동산공화국입니다.

12장

평등지권 사회의 경험을 가진 나라

　오늘날 대한민국에서 모든 사람에게 토지에 대한 평등한 권리를 보장하자고 주장하면, 마치 신성불가침의 원리가 훼손되는 것처럼 여겨서 반발하는 사람들이 있습니다. 그들에게 토지사유제는 누구도 건드릴 수 없는 절대적 규율입니다. 토지사유제는 기껏해야 100년 남짓 유지된 제도일 뿐이고 예전에 모든 백성에게 토지를 똑같이 나눠주어 사용토록 한 제도가 장기간 유지되었다는 사실을 알려주면, 그들은 깜짝 놀라면서 받아들이려고 하지 않습니다. 물론 사실상의 사적 토지 소유가 생긴 것을 기준으로 하면 토지사유제의 기원은 5백여 년 전으로 거슬러 올라갑니다. 그러나 토지 소유권이 절대적·배타적 권리로 공식 인정되고 토지사유제가 법률의 보호를 받는 공식 제도로 운용된 것은 일본 제국주의가 한국을 식민지로 점령해 토지조사 사업(1910~1918년)을 실시한 이후부터였으므로, 공식적으로는 토지사유제가 100년 남짓 됐다고 하는 것입니다. 분명히 기억하기 바랍니다. 토지사유제는 한국 민족이 자발적으로 도입한 제도가 아닙니다. 일제가 식민지 통치 기반을 만들기 위해 도입했다는 점에서 그것은 대표적인 식민지 유산입니다.

▎조선왕조, 국전제로 평등지권 사회를 실현하다

고려시대와 조선시대에 토지는 매우 특별하게 취급되었습니다. 두 시대의 토지제도는 흔히 국전제國田制라고 불리는데, 이념적으로는 왕토사상에 기반을 두고 있었습니다. 왕토사상은 '하늘 아래 왕의 땅이 아닌 것이 없다'普天之下 莫非王土라는 말에 잘 표현되어 있듯이, 오늘날의 토지 사유 사상과는 정반대되는 이념입니다. 전국의 모든 토지는 왕의 소유로 간주되었고, 농민은 왕의 토지를 빌려서 경작하는 전호佃戶(지주의 땅을 빌려 농사를 짓고 소작료를 내던 농민) 또는 전객佃客으로 인식됐습니다. 모든 토지가 왕(=

국가)의 소유였고, 농민들은 국가로부터 공평하게 경작권을 분배받아서 농사를 지었으므로, 전근대 한국 사회는 평등지권 사회의 한 유형으로 볼 수 있습니다. 완벽하지는 않지만, 모든 농민이 토지에 대한 평등한 권리를 누렸기 때문입니다. 단, 국전제는 전제권력의 지배 아래 놓여 있었고 신분제도와 결합해 있었다는 점에서 시대적 한계를 갖는 것이기도 했습니다. 그로 인해 이 제도는 전제권력이 횡포를 부릴 때는 가렴주구苛斂誅求(세금을 가혹하게 거두고, 무리하게 재물을 빼앗음)를 초래했고, 왕권이 약해졌을 때는 귀족과 양반의 대토지소유를 허용했습니다.

고려왕조에서도 조선왕조에서도 국전제의 원칙이 시종일관 지켜지지는 않았습니다. 이 제도 아래에서는 국가가 직접 지세를 걷는 공전公田과 함께, 국가 대신 지세를 걷어 생활을 꾸려가도록 왕족·관료·공신에게 한시적으로 맡겼던 사전私田이 있었습니다. 사전은 오늘날 우리가 생각하는 사유지가 아님에 유의하기 바랍니다. 공전과 사전은 모두 국가의 땅, 즉 국전이었습니다.

고려 후기에는 귀족과 관료의 농장農莊(고려 말·조선 초에 세력가들이 사사로이 차지하고 있던 대토지소유 형태의 땅)이 발달했습니다. 모든 토지가 국가의 땅이었는데 왜 이런 일이 일어났을까요? 고려 후기에 왕권이 약해지면서 귀족과 관료들이 국가가 지급한 사전을 반납하지 않고 사유화해 버렸기 때문입니다. 국전제의 원리가 후퇴하고 국전이었던 사전이 사유지로 전락해버린 셈입니다. 귀족과 관료들은 그런 토지를 조업전祖業田이라고 부르며, 마치 조상에게서 물려받은 땅인 것처럼 취급했습니다. 귀족과 관료의 농장은 고려 말 사회적 갈등과 혼란의 주범이었습니다. 귀족과 관료들은 사전을 사유지화하는 것을 넘어서 농민이 경작하던 공전까지 빼앗아 자신들의 농장을 확대해갔습니다. 자신들의 농장에서 지세를 규정 이상으로 거두는 일은 다반사였지요. 심지어 귀족 농장주 사이에 경쟁이 치열해지면서 한 땅에서 여러 명의 농장주가 지세를 징수하는 일까지 벌어졌습니다.

로마 제국이 대토지소유 때문에 몰락했던 것과 마찬가지로, 고려왕조는 국전제의 원칙이 후퇴하고 귀족과 관료의 대토지소유가 발달한 것 때문에 몰락했습니다. 고려 말에 정도전, 조준 등 신진 사대부들이 주도한 과전법科田法은 농장을 폐지하고 모든 토지를 공전으로 되돌려 국전제를 다시 확립하기 위한 것이었습니다. 1390년 개혁파 사대부들은 토지제도 개혁을 단행해 왕실·귀족·관료의 토지문서를 몰수·소각했는데, 그 양이 얼마나 많았던지 3일 밤낮 불탔을 정도라고 합니다. 과전법 개혁으로 고려 왕조 지배층의 경제적 기반은 붕괴했고 이는 결국 고려왕조의 멸망으로 이어졌습니다.

고려 말 조선 초 개혁파 사대부들이 어떤 토지제도를 꿈꾸고 있었는지는 정도전의 『조선경국전』^{朝鮮經國典} 「부전」^{賦典} 경리^{經理}에서 잘 드러납니다. 『조선경국전』은 정도전이 조선 건국 이후인 1394년(태조 3년)에 태조 이성계에게 헌정한 책입니다. 이 책은 정도전 개인의 저술이었지만, 조선 건국 이후 국가의 틀을 세우기 위한 거대한 구상을 담고 있었습니다.

"고대에는 토지가 관^官에 있고 이를 민^民에게 주었으니 민이 경작하는 것은 모두 [관에서] 준 토지였다. 천하의 민으로 토지를 받지 않은 사람이 없고, 경작하지 않는 사람이 없었다. 그러므로 빈부와 강약이 서로 차이가 심하지 않았으며 토지에서 나오는 바가 모두 국가로 들어갔으므로 국가 역시 부유하였다."[8]

---

8 이민우, 「여말선초 사전 혁파와 토지제도 개혁구상」, 93쪽에서 재인용.

여기서 '고대'라 함은 중국의 하·은·주 3대를 가리키지만, 국가가 국사를 잘 처리해 백성의 모든 필요가 충족되고 백성들이 조화와 번영 속에 살았던 어떤 이상적인 세계를 의미하기도 합니다.[9]

정도전은 국가가 백성에게 골고루 토지를 나눠줘서 경작하게 하고 토지 사용의 대가로 지세를 걷어서 국가 재정에 충당하는 토지제도를 구상했던 것입니다. 정도전은 명백히 평등지권 사회를 머릿속에 그리고 있었습니다.

조선은 이 토지제도를 기반으로 출범했습니다. 모든 토지는 국가의 것이었고, 농민은 국전을 빌려서 경작했습니다. 농민이 토지를 사용하는 대가로 내는 지세는 국가 재정의 바탕이 됐습니다. 조선시대에도 고려시대 때와 마찬가지로 왕족과 관료에게 조세 징수권이 붙은 사전이 지급되었는데, 이 토지는 과전科田이라고 불렸습니다. 하지만 고려시대와는 달리 사전은 매우 엄격하게 관리되었습니다. 고려 때처럼 사전이 사유화되는 것을 막기 위해 취한 조치였지요. 사전의 설치는 경기도로 한정되었고, 사전의 지급과 환수도 엄격하게 준수되었습니다. 사전주, 즉 관

---

9 같은 논문, 93쪽.

정도전 초상화

료와 공신의 조세 수취는 수확량의 1/10로 제한되었고,
농민이 경작하는 공전을 탈취하는 행위는 엄한 처벌을 받
았습니다. 사전을 받은 관료가 조세 수취를 넘어 농민의
경작권을 빼앗을 경우, 곤장형에 처하거나 아예 지세를

걸을 권리를 박탈하고 토지를 다른 사람에게 넘겼습니다.[10]

더욱이 시간이 가면서 사전 자체가 점차 소멸했습니다. 세조 12년(1466년)에 직전제職田制가 도입되어 현직 관료에게만 사전을 지급하게 되었고, 성종 9년(1478년)에는 국가가 대신 조세를 걷어서 관료에게 지급하는 관수관급제官收官給制가 시행되었습니다. 명종 11년(1556년)에는 녹봉제祿俸制가 도입되어 마침내 관료에게 토지를 지급하는 제도 자체가 사라졌습니다(녹봉이란 국가가 관료에게 현물로 지급한 봉급을 뜻함). 녹봉제 도입 이후부터는 국가가 관료에게 직접 봉급을 지급했으므로 그 이전처럼 과전을 주고 거기서 지세를 걷어 생활하도록 할 필요가 없어졌던 것입니다. 한 마디로 조선 전기에 전국의 모든 토지는 명실상부한 국전으로 일원화되어 갔습니다. 국전을 농민에게 공평하게 분배했으니 명실상부한 평등지권 사회가 실현된 셈입니다. 조선 전기에 이뤄진 눈부신 국가 발전은 여기서 비롯됐다고 해도 과언이 아닙니다.

---

10 이영훈, 2016, 『한국경제사 Ⅰ』, 322~324쪽.

▌다시 성장하는 사적 토지 소유

하지만 이때부터 문제의 싹은 자라고 있었습니다. 전국의 모든 토지가 국가에 지세를 바치는 공전이 되어가는 가운데 아이러니하게도 사실상의 사적 토지 소유가 점차 성장했던 것입니다. 공전을 분배받아 이용하던 백성들이 오랜 이용 과정에서 경작 토지를 자기 것으로 여기는 관념을 품게 되고 그것이 실질적인 권리로 발전한 것입니다. 초기에 금지되었던 민간의 토지매매가 15세기 후반에 허용되기 시작한 것이 결정적인 계기였습니다. 이때부터 공전은 민전民田으로 불리기 시작했습니다. 조선왕조는 사전을 부정하고 모든 토지를 공전으로 만드는 데는 성공했으나, 민간에서 사실상의 사적 토지 소유가 성장하는 상황에 대응하여 전국 토지에 대한 국가의 현실적 지배력을 지키는 데는 실패한 셈입니다.

국전제의 원칙은 점점 힘을 잃었습니다. 그 과정에서 왕실과 양반과 관료들이 토지를 적극적으로 매입하면서 대토지소유가 형성되기 시작했습니다. 임진왜란과 병자호란을 계기로 이들의 대토지소유는 더욱 빠른 속도로 발전했습니다. 임진왜란이 16세기 말, 병자호란이 17세기 전반에 일어났음은 이미 알고 있으리라 믿습니다. 양대 전란으로 조선에는 주인 없는 황무지가 대량으로 발생했는데, 전후 복구 사업이 절실했던 조선 정부는 황폐화한 경지를 복구하고 새로운 농지를 개간하는 일을 적극적으로 장려했습니다. 이 사업에 참여하는 자에게는 토지 소유권이 주어졌습니다. 왕실·관아·양반·관료 등은 앞다투어 이 사업에 참여해 토지 소유권을 인정받았습니다. 그들은 그렇게 확보한 토지를 병작반수제井作半收制 방식으로 관리했습니다. 병작반수제란 토지를 다른 사람에게 빌려주면서 수확의 절반을 소작료로 걷는 관리 방식을 뜻하는데, 오늘날에는 이를 지주제 또는 소작제라고 부릅니다. 전후 복구의 시대, 즉 대*개간의 시대에 대토지소유와 지주제가 급속히 발달한 것입니다.

18세기 이후에는 상업과 화폐경제가 발달하면서 왕실·관아·양반·관료 외에 부를 축적한 상인과 고리대업자 중에도 토지를 매입하여 지주로 변신하는 자들이 생겼습니다. 그들도 병작반수제 방식으로 토지를 관리했습니다. 19세기 말~20세기 초 미곡 무역이 급격히 확대되던 개항기에는 당시의 시장 상황을 활용하여 얻은 이익으로 토지를 사들여 새롭게 지주가 되는 사람들도 등장했습니다. 그들은 한 번에 많은 농지를 매집(물건을 사 모음)하는 것이 아니라 여기저기서 농민들이 파는 토지를 한 필지 두 필지 사들여 마침내 대지주로 성장했습니다.[11]

대토지소유가 확대되는 가운데 공전, 즉 민전을 경작하던 농민 중에 토지를 잃고 소작농으로 전락하는 이들이 생겨났습니다. 농민 몰락은 전쟁으로 인한 농민 경영 황폐화와 상품화폐 경제의 확대에 따라 일어난 불가피한 결과였지만, 지나친 세금 부담과 권력자들의 폭력적 토지 수탈도 그에 못지않은 원인이었습니다. 몰락한 것은 상민과 천민만이 아니었습니다. 정치권력에 참여하지 못한 양반 중에도 몰락해서 소작농으로 전락하는 이들이 많았습니다.[12]

17~19세기에 인구 증가와 분할 상속 관행 때문에 대토지소유와 지주제가 오히려 후퇴했다는 견해도 있지만, 실학자들이 당시 대토지소유의 문제점을 폭로하면서 정전론, 균전론, 한전론 등의 토지개혁론을 활발하게 제기

---

11 김용섭, 1988, 「근대화 과정에서의 농업개혁의 두 방향」, 조용범 외, 『한국 자본주의 성격 논쟁』, 164쪽.

12 같은 논문, 157쪽.

한 것을 생각하면 근거가 약한 주장입니다. 대표적인 실학자인 반계 유형원, 연암 박지원 그리고 다산 정약용의 증언을 들어봅시다.

"부자는 끝없이 넓은 땅을 가지고 있고 가난한 사람은 송곳을 꽂을 땅도 없으니 이 때문에 부자는 더욱 부자가 되고 가난한 사람은 점점 더욱 가난해진다."(유형원,『반계수록』磻溪隨錄, 중앙일보 2020년 11월 18일자 기사에서 재인용)

"저 부호가 가난한 자의 땅을 억지로 사들여 하루아침에 저렇게 많은 토지를 갖게 된 것이 아니다. 많은 재산을 의지하여 하는 일 없이 앉아 있으면, 이웃 사람 가운데 토지를 팔기 원하는 자들이 스스로 문권을 가지고 나날이 부호의 집에 찾아오는 것이다. … 저 부호가 토지가격을 후하게 쳐주니 더욱 몰려오고 토지를 사고서도 그대로 농사를 짓게 하여 그 마음을 달랜다. 빈호는 일시에 후한 값을 받아 이득을 보고 또 옛 토지를 그대로 경작하여 그 절반을 먹으니 이에 지가는 날로 오르고 부근의 토지가 죄다 부호의 집으로 들어가고 만다."(박지원,『연암집』燕巖集 한민명전의限民名田議, 장시원·이영훈,『한국경제사』, 18쪽에서 재인용)

"지금 국내의 전답은 약 80만 결結이고 인구는 약 800만 명이다. 가령 10명을 1호로 계산한다면, 매호에서 1결의 땅을 경작해야 공평해진다. 그런데 지금 문무고관들과 부자들 가운데 1호당 매년 벼 수천 석을 거두는 자가 심히 많으니 그 땅을 계산해보면 100결이나 된다. 이는 990명의 생명을 빼앗아 1호를 살찌게 하는 것이다. 영남의 최 씨와 호남의 왕씨 같은 부자는 벼 1만 석을 거두므로 그 땅을 계산하면 400결이나 된다. 이는 3,990명의 생명을 빼앗아 1호를 살찌게 하는 것이다."(정약용, 『여유당전서』與猶堂全書, 제1집 시문집 제11권)

유형원의 증언은 17세기 후반, 박지원의 증언은 18세기 말, 그리고 정약용의 증언은 19세기 초의 것입니다. 유형원의 증언에서 우리는 17세기 후반에 이미 대토지소유가 크게 발달했음을 확인할 수 있는데, 백 수십 년이 지난 18세기 말~19세기 초에도 그 경향은 수그러들지 않았음을 박지원과 정약용의 증언에서 확인할 수 있습니다.

조선왕조는 애초에 정도전이 구상한 대로 백성에게 토지를 골고루 나눠주어 경작하게 하고 토지 사용의 대가로 지세를 걷는 제도를 정착시킴으로써 평등지권 사회를 실

유형원의 『반계수록』(일부)

박지원 초상화

정약용 초상화

현했습니다. 그러나 시간이 흐르면서 사실상의 사적 토지
소유가 강화되고 그것이 대토지소유로 발전하는 것을 막
지는 못했습니다. 이는 초기에 자영농 사회로 출발했던

로마가 대토지소유가 지배하는 사회로 바뀐 것과 유사합니다. 로마 제국이 멸망했듯이, 조선왕조도 평등지권 사회가 후퇴하면서 결국 멸망하고 말았습니다.

다산 정약용은 조선 전기에 실현한 평등지권 사회의 이상이 후퇴한 데 대해 다음과 같이 탄식했습니다.

"신臣은 토지에 주인이 둘 있다고 말한 바 있습니다. 하나는 왕이요, 다른 하나는 전부佃夫입니다. … 그 밖에 그 누가 감히 토지의 주인이 될 수 있겠습니까? 하지만 오늘날 부강한 백성들이 제 마음대로 토지를 겸병하여 국가의 조세 이외에 사사로이 도조를 받아 가니, 이는 토지의 주인이 셋이 되는 꼴입니다."(『여유당전서』, 제1집 시문집 제9권)

여기서 전부佃夫는 농사짓는 사람(=전호, 전객)을 뜻하고 도조는 소작료를 뜻합니다. 이렇게 국전제의 원칙이 허물어지고 대토지소유가 확대되던 현실을 안타까워하던 다산이 토지개혁의 방향을 국전제와 평등지권 사회의 회복에 맞춘 것은 당연한 일이었습니다.

한 가지 유의해야 할 점은 조선 후기에 사적 토지 소유와 지주제가 발달하면서 국전제가 유명무실해졌지만, 그렇다고 해서 국전제의 원칙이 공식적으로 폐기되지는 않았다는 사실입니다. 토지 소유자의 소유권은 민간이 토지 거래 시에 작성하는 문기文記(땅이나 집 따위의 소유권 등을 증명하는 문서)로 보증받을 수 있었을 뿐, 그것을 증빙하는 공적 제도는 도입되지 않았습니다. 일제가 한국을 강점한 당시의 토지제도는, 사실상의 사적 소유가 발달하기는 했지만 유일한 원리로 법적 인정을 받지 않은 상태였습니다. 예컨대 1897~1904년에 실시된 광무양전光武量田에서는 토지 소유자를 시주時主로 규정했습니다. 여기서 양전이란 토지 실태 조사를 뜻하고, 시주란 한시적인 주인을 뜻합니다. 토지 소유자가 시주로 규정되었다는 사실은 조선 초기에 정립된 국전제의 원칙이 조선 말기까지 미미하게나마 영향을 미치고 있었음을 보여줍니다.

일제강점기는 지주제의 전성기

조선 후기에 발달한 대토지소유는 일제강점기에 더욱 빠른 속도로 확대됩니다. 일본 제국주의가 토지사유제를 법률로 공인하고 지주층을 식민지 지배·수탈의 동맹자로 활용했기 때문입니다. 일제는 1910년대에 토지조사사업을 실시해, 조선왕조 내내 국토 전반에 영향을 미쳤던 국전제의 원리를 완전히 폐기하고, 일물일권적 토지 소유권을 확립했습니다. 한 토지에 여러 종류의 권리가 중첩되어 있던 중층적 소유는 사라지고 한 토지에 하나의 소유권만 성립하게 된 것입니다. 아울러 토지 소유권 등기제도도 도입되었는데, 이는 토지 소유권이 제3자에 대한 대항력을 갖는 절대적·배타적 권리가 되었음을 뜻합니다. 토지 소유자가 절대적·배타적 권리를 인정받은 것과는 대조적으로, 경작 농민은 자기 토지를 갖지 않는 한 아무런 권리를 인정받지 못하고 소농 보호의 혜택도 일절 누리지 못하는 처지로 떨어졌습니다. 이로써 일본인들이 식민지 조선에 들어와 마음 놓고 토지를 매입하고 지주경영을 할 수 있는 여건이 마련됐습니다. 지주경영이란 자기 땅을 농민에게 빌려주고 그 대가로 소작료를 걷는 토지 운용 방식을 가리킵니다. 위에서 말한 병작반수제가 지주경영의 대표적 사례입니다. 실제로 토지조사사업 이후 조선에서 일본인들의 토지 매입은 급증했고 그들에 의한 지주경영도 빠른 속도로 확대됐습니다. 일제강점기에 일본인 대지주가 급성장한 배경에는 토지조사사업에 의한 토지제도 정비가 있었음을 기억할 필요가 있습니다.

조선인 중에도 이런 상황을 활용해 토지 소유를 확대하는 사람들이 있었습니다. 주로 일본인 대지주의 경영방식을 모방하는 재지지주在地地主들이었지요. 재지지주란 부재지주에 반대되는 말로, 농촌 현지에 살면서 자기 땅을 농민에게 소작 주었던 지주를 가리킵니다. 이들 중에는 양반 출신도 있었지만, 19세기 이후 부를 축적해 땅을 사모은 사람들도 많았습니다. 이들은 토지조사사업 덕분에 자신들의 토지에 절대적·배타적 권리를 행사할 수 있게 되었고, 더욱이 조선총독부가 토지에 적용하는 세율을 낮춰주는 바람에 일본 국내보다 가벼운 조세를 부담하는 혜택까지 누리게 되었지요. 일본 제국주의가 나라를 집어삼키자 심각한 피해를 우려해 노심초사하던 차에 자신들에게 유리하게 제도가 정비되었으니 얼마나 좋아했을까요? 이들이 일제의 식민지 지배를 용인하고 지지한 것은 어쩌면 자연스러운 일입니다. 일본 제국주의가 조선 사회 내부에서 식민지 지배를 옹호할 든든한 동맹군을 확보할 수 있었던 것도 토지조사사업의 효과였습니다. 토지조사사업 이후 조선에서 일본인 대지주는 식민지 지배의 중추 세력으로, 조선인 대지주는 식민지 지배의 동맹 세력으로 자리 잡았습니다.

1920년대 이후 조선총독부는 지주층을 매개로 하여 쌀을 증산하는 정책을 추진했습니다. 이 정책은 산미증식계획이라고 불리는데, 공업화 과정에서 심각해진 일본 내의 식량문제를 해결하기 위해 식민지 조선에서 쌀을 대량 증산해 일본으로 대량 이출移出하는 것이 목적이었습니다 ('이출'은 일제가 조선에서 일본으로 상품이 수출되는 것을 가리켜 특별히 사용하던 용어).

식민지 통치 권력의 힘만으로 단기간에 쌀을 대량 증산할 수는 없었기 때문에, 조선총독부는 조선 내의 지주층을 적극적으로 활용하고자 했습니다. 지주층의 협조를 끌어내려면 그들에게 '당근'을 줘야만 했지요. 조선총독부가 지주층에 내민 당근은 토지개량·농사개량·농업금융·농산물유통 등 여러 방면에서 각종 특혜를 주는 것이었습니다. 실제로 일본인 대지주와 일부 조선인 대지주는 조선총독부가 주는 당근을 받아서 엄청난 이익을 누렸고, 그 덕분에 일제강점기 내내 토지 소유를 확대해갔습니다.

가장 적극적이었던 것은 일본인 대지주들이었습니다. 조선에서 토지를 매입하여 지주경영을 도모했던 일본인 중에는 금강, 만경강, 동진강, 영산강, 낙동강 등 주요 하천 주변의 습지와 상습 침수지를 헐값으로 대거 사들인 후 수리 시설을 설치해 기름진 농지로 개선하는 방법으로 농장을 개척한 사람이 많습니다. 이들은 단기간에 빠른 속도로 경지 50정보 또는 100정보 이상을 소유한 대지주로 성장했습니다(정보는 일제강점기에 주로 사용했던 용어로, 토지 면적의 단위. 1정보는 3천 평으로 9,917.4m^2에 해당). 그 결과 1910년에 조선 전체 논의 2.8%에 불과했던 일본인의 논 소유 면적(42,585정보)은 1935년에 18.3%(308,083정보)로 급증했습니다.[13]

일본인 대지주의 농장에서는 엄격한 노동과정 통제, 개량농법 강제, 수확물 처분과 품질에 관한 규제, 소작인 관리조직 강화 등의 방법으로 지주 수입의 극대화와 안정화를 꾀했습니다. 이렇게 농업생산 과정에 깊이 개입하면서 이익 극대화를 추구한 대지주를 '동태적 지주'라고 부릅니다. 물론 일제강점기에 모든 지주가 동태적이지는 않았습니다. 자신이 소유한 토지에서 소작농 선발과 소작료 수취를 마름이라 불리는 대리인에게 맡기고 농업생산에 간여하지 않는 지주도 있었지요. 이들은 '정태적 지주'라

---

13 허수열, 2016, 『개발 없는 개발』, 349쪽.

고 부릅니다. 다수의 조선인 지주는 정태적 지주였습니다. 이영훈 교수에 따르면, 1936년 전라북도에는 100정보 이상을 소유한 일본인 대지주가 50명 있었는데, 이들 중 28명이 동태적 지주였습니다.[14]

그중에는 1,000정보 이상을 소유한 초대형 지주도 11명이나 있었습니다(1938년 기준). 이들은 모두 회사 또는 농장의 형태를 취하고 있었습니다.

조선인 대지주 중에도 일본인 대지주를 본받아 농업경영에 적극적으로 개입하는 동태적 지주가 있었습니다. 전라북도 고부군 김씨 집안의 삼양사농장과 전라남도 화순군 오씨 집안의 동고농장이 대표적인 사례입니다.[15]

앞에서 일본인 대지주와 일부 조선인 대지주가 쌀 증산과 쌀 이출에 주도적인 역할을 맡았다고 했는데, 그것은 바로 동태적 경영을 했던 일본인·조선인 지주를 두고 한 말입니다. 식민지 조선에서 발달한 지주경영은 흔히 식민지지주제라고 불리는데, 그 중심에는 이들 동태적 지주가 있었습니다.

---

14 이영훈, 2016, 『한국경제사 II』, 153쪽.

15 같은 책, 154~155쪽.

식민지지주제 발달의 이면에는 조선 농민의 몰락과 빈곤이 있었습니다. 쌀 상품화가 확대되는 가운데 조선 농민 중에는 소유 농지를 잃고 영세 소작농으로 전락하는 사람이 속출했습니다. 자기 땅을 경작하는 농민을 자작농, 지주의 토지를 빌려서 경작하는 농민을 소작농이라고 부릅니다. 경지 일부는 자기 땅, 나머지는 지주 땅인 농민은 자소작농이라고 부릅니다. 일제강점기 내내 자소작농의 비중은 뚜렷하게 감소하는 대신 소작농의 비중은 두드러지게 증가했습니다. 자작농의 비중도 1920년대 중반부터 완만하게 감소했지요. 자소작농과 자작농이 소작농으로 전락하는 경향은 1930년대 초반부터 많이 둔화하지만, 그래도 일제강점기 말까지 그대로 지속되었습니다. 자작농과 자소작농이 감소하고 소작농이 증가했다는 것은 조선 농민들이 자기 땅을 잃고 몰락해 갔음을 뜻합니다. 그 땅이 누구의 수중에 들어갔을지는 쉽게 짐작할 수 있겠지요. 동태적 지주의 성장과 조선 농민의 몰락은 동전의 양면과도 같았음을 알 수 있습니다.

1920년대 이후 조선 사회에서는 영세농의 증가, 가난에 빠진 농민의 해외 이주와 유리방황流離彷徨(일정한 집과 직업이 없이 이곳저곳으로 떠돌아다님), 도시 빈민의 형성과 같은 현상이 두드러지게 나타났는데, 이는 모두 식민지지주제가 발달하면서 조선 농민의 빈곤이 극심해진 결과였습니다. 가난에 빠진 농민들 가운데 일부는 조선 농촌에 머물지 못하고 산에 들어가 화전민이 되거나, 경성이나 일본, 만주 등지로 가서 최하층 노동자가 됐습니다. 경성으로 몰려든 빈농들로 인해 경성 주변부에는 움막집에 사는 도시 빈민의 마을(토막민 촌)이 생겨났습니다.[16]

설상가상으로 1930년대 말 이후에는 조선 농촌에 전시 식량 공급의 임무가 맡겨졌습니다. 일본이 1937년에 중일전쟁을 일으켰고 1941년에는 태평양전쟁을 일으킨 것을 기억하기 바랍니다. 조선총독부는 1939년부터 공출제도를 실시하여 쌀을 비롯한 농산물의 자유판매를 금지하고 강제매각을 강요했습니다. 강제로 수집한 농산물은 군대와 도시노동자를 위한 식량으로 제공하거나 일본 국내로 보냈습니다. 이때에도 지주층을 활용한다는 조선총독부의 입장에는 변함이 없었습니다. 지주가 소작농의 농업

---

16 마츠모토 타케노리, 2016, 「일본 덕분에 조선이 풍요로워졌다?」, 이타가키 류타, 김부자 엮음, 배영미, 고영진 옮김, 『Q&A '위안부' 문제와 식민지 지배 책임』, 137쪽.

경영을 진두지휘할 것을 요청하면서 그에 응하는 지주에게 특권적 지위를 주었으니 말입니다. 대조적으로 조선 농민은 자신이 생산한 농산물을 자유롭게 처분할 수 없게 됐고, 나중에는 자가 소비용 쌀까지 공출하고 잡곡을 배급받아 연명하는 군색한 처지로 떨어지고 말았습니다.

"종래 농민들은 수확기에 '작량作糧(예취刈取, 탈곡脫穀, 조정調整을 총칭)은 마쳤습니까' 하고 인사를 나눴지만 요즘 그들은 조선말 발음이 같은 '장량藏糧은 마쳤습니까', 즉 '양곡 은 닉은 마쳤습니까'라는 의미로 사용하고 있는데, 그 주된 원인은 군 직원, 면 직원, 기타 공출 독려를 담당한 자가 당국의 뜻을 곡해하여 농민의 실정을 무시하고 젖먹이를 안은 사람의 집에 신발 신은 채로 올라가 가택 수색을 하고 구석구석 숨겨둔 한두 되의 쌀까지 전부 공출시키고, 아기 엄마는 '내일부터 이 아이에게 무엇을 먹일까' 하고 울며 절규하게 만드는 가혹한 공출을 하게 하고 있으며"(『經濟治安日報綴(1942)』)

위의 인용문은 일제강점기에 각 지방의 경찰이 매일 민심 동향을 조사해서 총독부에 보고한 문서에 나오는 내용입니다. 작성 시기는 1942년입니다. 아직 강제공출이 전면 실시되지 않아서 쌀을 시장에 내다 팔지는 못해도 자기 집에 남길 여지는 있었던 때입니다. 그런데도 일본 관헌의 가혹하기 이를 데 없는 가택 수색은 이미 벌어지고 있었습니다.

이런 상황에서 8·15해방을 맞았으니, 조선 농민들은 일본 제국주의와 지주의 수탈에서 벗어나 자유롭게 농사 짓고 농작물을 처분하며 양식 걱정 없이 편안하게 살 수 있는 날이 왔다고 생각하지 않았을까요? 그러니 해방 직후 한국에서 농지개혁 문제는 좌우를 막론하고 어떤 정치 세력도 외면하기 어려운 최대의 사회경제적 이슈로 부상할 수밖에 없었습니다.

▎해방 후 다시 평등지권 사회를 성립시킨 농지개혁

제2차 세계대전 후 많은 신생 독립국에서 토지개혁이 실패로 돌아간 것과는 대조적으로, 한국에서는 비교적 단기간에 제법 성공적인 농지개혁이 이뤄졌습니다. 이때의 개혁은 지주의 농지를 유상으로 매수해서 경작 농민에게 유상으로 분배하는 방식이었습니다. 사실 이런 유의 토지개혁에 성공한 나라는 전 세계에서 몇 안 됩니다. 유상이기는 하지만 지주의 토지를 모두 몰수해서 경작 농민에게 분배한다는 것은 지금 같으면 상상도 못 할 일입니다. 그러나 대한민국에서 그런 일이 실제로 일어났고, 그 덕분에 한국 사회는 이전과는 전혀 다른 경로를 걷게 됩니다.

해방 직후 토지 소유 상황이 어땠을까요? 1945년 말 대한민국의 전체 경지 면적 223만 정보 가운데 소작지는 65%, 자작지는 35%로 지주가 가진 소작지의 비중이 자작지보다 훨씬 컸습니다. 농가 호수 면에서는 총 206만 호 중 자작농은 13.8%에 불과했고, 소작농이 49%, 자소작농이 34.7%로 소작에 종사하는 농민의 비중이 압도적으로 높았지요. 농지개혁은 이처럼 양극화된 상태에 놓여 있던 '지주의 나라'를 토지 소유가 세계 최고로 평등한 '소농의 나라'로 변모시켰습니다. 전체 경지 면적의 35%에 불과했던 자작지의 비중은 농지개혁 실시 직후인 1951년 말 96%로 급상승했습니다. 한국과 함께 농지개혁을 성공시킨 대표적 사례로 평가받는 일본의 경우 개혁 후의 자작지 비율이 90%였음에 비추어 한국의 농지개혁은 지주제 해체와 자작농체제 성립이라는 면에서 매우 성공적이었다고 평가할 수 있습니다. 더욱이 경자유전^{耕者有}

田(농민이 농지를 소유함)의 원칙에 따라 농지 소유의 상한을 3정보로 설정(농지개혁법 제6조 1항 및 제12조 1항)하고 소작·임대차·위탁경영을 금지(농지개혁법 제17조)했기 때문에, 일제강점기 때와 같은 지주제가 재생하는 것은 제도적으로 불가능하게 되었습니다.

농지개혁법은 1950년 2월 최종 확정되기까지 수많은 우여곡절을 겪었습니다. 좌파·우파·중간파로부터 유상매수·유상분배, 유상매수·무상분배, 무상매수·무상분배 등의 개혁 방안들이 쏟아졌고, 이를 둘러싼 정치세력 간 대립도 격렬했습니다. 그러니 국회에서의 법안 통과 과정도 간단치 않았지요. 지주에게 지급할 보상액과 농민이 갚아야 할 상환액의 결정이 핵심 사안으로 떠올랐습니다. 지주층을 대변하던 의원들은 보상액과 상환액을 모두 평년 수확량의 300%로 하고 10년간 상환하게 하자고 주장했던 반면, 농민층의 이해를 대변하던 개혁적 성향의 소장파 의원들은 이에 반발하여 그 비율을 대폭 낮추자고 주장했습니다. 마침내 1949년 6월 보상액 150%, 상환액 125%를 내용으로 하는 법안이 국회를 통과했고, 1950년 2월 정부 재정 부담 증가를 이유로 두 비율을 모두 150%로 하는 농지개혁법 개정안이 국회를 최종 통과했습니다.

실제의 농지개혁은 개정 농지개혁법을 근거로 하여 추진 되었습니다.

농지개혁을 단행함으로써 한국은 다시 한번 평등지권 사회를 실현했습니다. 조선 후기와 일제강점기를 거치며 이와는 정반대 방향으로 치달았던 나라가 정상 궤도로 되돌아온 셈입니다. 과전법 개혁으로 평등지권 사회가 실현되어 조선왕조가 번성했던 것처럼, 농지개혁 성공으로 평등지권 사회가 다시 한번 실현되어 대한민국은 유례없는 고도성장을 이룩했습니다. 도대체 농지개혁이 어떤 효과를 발휘했기에 이런 일이 가능했을까요?

첫째, 지주층의 소멸로 소작료 수탈에 의한 농가 압박이 자취를 감췄으며, 경제발전에 유리한 법·제도의 도입을 방해할 기득권층이 사라졌습니다. 1945년 말 20여만 명에 달했던 지주 중 3만여 명은 농지개혁 이전에 사전 방매放賣(물건을 내놓고 파는 것)로 지주 지위를 잃었고, 1955년까지 총 16만 9,803명이 소유 농지를 몰수당했습니다. 한국보다 훨씬 유리한 자연조건을 가진 중남미 국가들이 지주층의 방해로 대토지소유를 해체하지 못한 채 장기간 저성장 상태에 머문 것과는 대조적이지요.

둘째, 자기 땅을 갖게 된 옛 소작농들이 자발적으로 노동에 몰두한 덕분에 농업 생산성이 급격히 상승하고 농업 소득도 증가했습니다. 소작농들이 수확량의 50~60%를 지주에게 소작료로 바친 후 남는 것으로 간신히 연명하던 식민지 시절에는 농민들의 노동 의욕도 낮을 수밖에 없었습니다. 농지개혁 후 수확량 전부를 가질 수 있게 된 농민들은 열심히 일해 얻은 소득을 아껴서 자녀 교육에 투자했습니다. 대한민국이 역사상 유례없는 고도성장을 이룩한 원인을 박정희 전 대통령의 리더십에서 찾는 사람들이 많습니다. 하지만 농민들에게서 나온 '아래로부터의 동력'이 없었다면 고도성장은 불가능했을지 모릅니다. 세계 학계에서 한국은 '공평한 고도성장'을 이룬 대표적 사례로 꼽히는데, 이런 예외적인 성장을 가능케 한 근본 요인은 바로 농지개혁이었습니다.

셋째, 농지개혁으로 실현된 평등성은 부패를 방지해 민주주의를 성장시켰고(물론 이는 농지개혁에 실패한 나라들과 비교할 때 나오는 상대적 평가임), 농촌사회 내의 신분 구조를 해체했습니다. 반상제班常制(양반과 상민을 구별하는 제도) 신분 구조는 공식적으로는 1894년 갑오개혁으로 폐지됐지만, 농촌사회에는 계속 남아 있었습니다. 이를 뒷

받침한 것이 바로 지주제였지요. 농지개혁으로 지주제가 소멸했다는 것은 반상제의 물질적 토대가 무너졌음을 뜻합니다.

하지만 농지개혁으로 실현된 평등지권 사회는 오래 지속되지 못했습니다. 토지는 세월이 흐르면서 다시 소수의 수중에 집중되어 갔습니다. 도시토지와 도시토지 예정지에 대해 이렇다 할 대책을 마련하지 않은 상태에서 토지문제의 중심이 농지에서 도시토지로 이동했습니다. 도시개발이 대대적으로 추진되면서 도시토지와 도시토지 예정지를 노린 투기가 일어나고, 거기서 투기꾼들이 단기간에 큰돈을 벌었다는 소식이 전해지자 땀과 노력으로 돈을 벌기보다는 불로소득으로 부자가 되려는 사람들이 점점 늘어났습니다. 평등지권 사회가 부동산공화국으로 전락하기 시작한 것입니다. 결과는 앞에서 살펴본 토지 소유의 극단적인 불평등입니다.

한국의 농지개혁은 대토지소유 해체에 치중해 평등지권 사회를 오래 지속시킬 수 있는 장치를 마련하는 데 소홀했고, 도시토지·임야·초지 등을 개혁 대상에서 제외했다는 한계를 가집니다. 일단 성립한 평등지권 사회가 시간이 흐르면서 무너진 데는 이 한계가 크게 작용했습니다. 그런데 한 가지 요인이 더 있습니다. 바로 박정희 정권의 무분별한 도시개발입니다.

13장

어쩌다가 대한민국은
부동산공화국으로 전락했을까?

대한민국이 농지개혁으로 일시적이나마 평등지권 사회를 실현한 효과는 굉장했습니다. 농업 생산성이 올라 농업생산량이 늘어났음은 물론이고, 한국 자본주의를 이끌고 갈 도시노동자, 기업인, 공무원, 정치인 등이 농촌에서 대거 배출되었습니다. 이들이 없었다면 한국 경제의 고도성장은 불가능했을 것입니다. 오늘날 한국의 부자와 권력자 중에 조선시대 양반·관료의 자손은 많지 않습니다. 대부분은 농민의 후예들입니다. 그러니 개구리가 올챙이 적 시절을 잊듯이 교만하게 행동해서는 안 되겠지요. 아무튼 사회구성원이 서로 평등해야 경제도 성장하고 사회도 발전한다는 것을 다시 한번 확인하게 됩니다.

박정희 정권은 평등지권 사회를 허물고 부동산공화국을 성립시키는 데 결정적인 역할을 했습니다. 농지개혁이 어떤 한계를 갖는지 전혀 의식하지 않은 채 도시개발을 무분별하게 추진함으로써 곳곳에서 지가 폭등을 초래하고 한국 사람들의 마음속에 투기 심리를 심어주었기 때문입니다. 처음에는 개발정보에 접근하기 쉬운 권력층과 그 지인들이 투기를 벌였지만, 나중에는 일반 시민이 가담했습니다. 도시개발을 추진할 때 미리 투기와 불로소득에 대한 대책을 마련하는 것은 상식입니다. 그러나 박정희 정권은 이런 대책을 전혀 세우지 않은 채 초대형 도시개발 사업을 추진했습니다. 대대적인 도시개발로 사방에서 불로소득이 발생하는데 누가 그것을 외면할 수 있었겠습니까?

박정희 정권의 도시개발은 1960년대 말에 시작됩니다. 서울의 강남 개발이 출발점이었지요. 당시의 도시개발은 대부분 구획정리 방식으로 추진됐는데, 강남지역도 마찬가지였습니다. 개발 면적은 영동1지구가 1,562만m^2(472만 평), 영동2지구가 1,207만m^2(365만 평), 합해서 2,769만m^2(837만 평)로 세계 역사상 유례 없는 초대형 개발이었습니다. 독자들은 강남 개발을 이야기하는 곳에서 왜

'영동'이라는 말이 나오는지 궁금하겠지만, 그것은 강남의 원래 이름이었습니다. '영등포의 동쪽'이라는 의미로 그렇게 불렀다는군요. 일반적인 구획정리사업의 면적이 15만~30만 평이었음에 비추어 강남 개발은 상상을 초월하는 규모로 추진되었다고 할 수 있습니다. 흥미로운 점은 이런 초대형 도시개발 사업에 엉뚱한 동기가 작용했다는 사실입니다. 바로 경부고속도로 용지를 무상으로 확보하고 땅 투기로 정치 자금을 마련하려고 한 것입니다. 강남 개발의 배경에 대해서는 당시 서울시 고위 공무원을 지낸 손정목 교수의 책『서울 도시계획 이야기 3』과 제 책『부동산공화국 경제사』에 자세히 기술되어 있으므로 그 책들을 한번 읽어 보기 바랍니다.

어느 나라건 도시화가 진행되면 지가를 포함해 부동산 값은 상승합니다. 유동성이 크게 늘기라도 하면 지가는 폭등하지요. 정상적인 정부라면 개발을 추진하기 전에 부작용을 우려해 미리 투기 대책을 세우겠지요. 좀 더 성숙한 정부라면 투기의 근본 원인인 부동산 불로소득을 차단하거나 거둬들일(환수) 수 있는 제도를 마련할 것입니다.

제2차 세계대전 후 대만 정부가 바로 그렇게 했습니다. 한국은 도시토지, 임야, 잡종지 등에 대해 아무런 대비책도 세우지 않은 채 도시개발을 추진했던 반면, 대만은 1950년대 초 일찌감치 토지가치세와 토지증치세土地增值稅 (한국의 양도소득세와 비슷함)를 도입해 부동산 불로소득을 차단·환수할 제도적 장치를 마련했습니다. 대만은 농지개혁과 도시토지 개혁을 함께 추진하는 투 트랙two track 방식의 토지개혁을 추진했던 것입니다. 이와는 대조적으로 한국의 박정희 정권은 투기를 막고 불로소득을 차단하기 위한 제도적 장치를 마련하기는커녕 오히려 정권 담당자들이 정치 자금을 조달할 목적으로 땅 투기에 가담하기까지 했으니 그 후에 어떤 상황이 벌어졌을지 충분히 짐작할 수 있을 것입니다.

강남 개발 초기에 박정희 정권은 도시개발 자체에는 큰 관심이 없었기 때문에 사업은 지지부진했습니다. 그러나 1970년대 중반부터는 정부가 도시개발을 촉진하기 위해 파격적인 대책을 쏟아냅니다. 때마침 잠실대교(1972년), 영동대교(1973년), 잠수교와 천호대교(1976년), 남산 3호 터널(1978년), 성수대교(1979년)가 속속 준공되어 강남지역의 도심(당시에는 강북지역을 도심으로 여겼음) 접근성이 좋아졌습니다.

박정희 정권이 쏟아낸 강남 개발 촉진책은 지금 같으면

생각도 할 수 없는 파격적인 조치들이었습니다. 예컨대 박정희 정권은 1973년에 영동 구획정리지구를 개발촉진지구로 지정하고, 1975년에는 아파트지구 제도를 도입했습니다. 개발촉진지구에서는 오늘날의 양도소득세에 해당하는 부동산투기억제세, 부동산 매입 시에 부과하는 취득세와 등록세, 부동산 보유세인 재산세와 도시계획세 등을 몽땅 면제해 줬습니다. 개발촉진지구 지정은 사실상 그 지역에서 마음 놓고 부동산 투기를 벌이라는 말과 다를 바 없었습니다.

아파트지구 제도란 대규모 아파트단지가 들어서야 할 곳을 아파트지구로 지정해서 아파트 외에는 짓지 못하도록 하는 제도입니다. 당시 강남지역에는 100평 내지는 200평을 가진 군소 지주가 많았습니다. 그곳은 원래 농지였던지라 토지 소유자의 소유 규모가 작았을 뿐만 아니라 구획정리 과정에서 소유 규모가 더 줄어들었기 때문입니다. 그래서 건설업체가 대형 아파트 단지를 건설할 집단택지를 확보하기 어려웠습니다. 아파트지구 제도는 이 난제를 단번에 해결해줬습니다. 군소 지주들은 건설업체에 파는 것 말고는 자기 땅을 사용할 길이 없었습니다. 이는 지주의 토지 사용권과 처분권을 심각하게 침해한 조처로, 지

영동 신시가지 개발사업계획 조감도

금 같으면 당연히 위법 또는 위헌 판정을 받을 것입니다.

그 외에도 고속버스터미널·지하철 2호선·잠실종합운동장을 건설하고, 대법원·검찰청과 강북의 명문 고등학교들을 속속 이전시켰습니다. 심지어 강북 인구의 강남이주를 촉진하기 위해 강북지역 개발억제 정책까지 시행했습니다. 백화점·도매시장·공장·유흥시설 등의 신축을 불허하고 전답과 임야의 택지 전환을 금지하는 내용이었습니다. 이 조치로 상계동·공릉동·성산동 등지의 400만 평이 택지 전환이 불가능한 땅으로 묶여버렸습니다.

박정희 정권이 이처럼 무리한 방법으로 초대형 도시개

발을 밀어붙인 결과 강남지역은 복부인(부동산 투기로 큰 이익을 꾀하는 여성을 속되게 이르는 말)이 출몰하고 온갖 불법·편법 거래가 난무하는 투전판으로 변모해 갔습니다. 땅값은 폭등했고 투기꾼들은 떼돈을 벌었습니다. 이 투전판에는 정치인, 군인, 기업가, 법조인, 관료 등 사회지도층 인사들도 대거 가담해 불로소득을 챙겼습니다. 건설업체는 드넓은 땅에 아파트단지를 건설하며 폭리를 취했습니다. 박정희 정권은 지방 대도시와 전국 곳곳의 공업지대에서도 강남 개발과 비슷한 방식으로 개발을 추진했습니다. 거기서도 투기꾼이 활개를 쳤고 지가는 어김없이 폭등했습니다.

1960년 이전까지는 한국에서 오늘날과 같은 형태의 부동산 투기는 일어나지 않았습니다. 일제강점기에 지주들의 일차적인 관심은 토지 매매를 통한 자본이득보다는 소작료에 있었습니다. 해방 후에도 토지는 이용의 대상이었지 투기의 대상은 아니었습니다. 강남 개발 이전에 그 지역에도 땅을 사 모으는 사람들이 있었지만 극소수였습니다. 농지개혁 후 1960년대 전반기까지만 해도 대한민국 국민의 대다수를 차지했던 수많은 소농과 그 후예들에게서 자발적인 노동 의욕과 창의력, 높은 저축열, 뜨거운 교육열과 학습열, 모험적인 기업가 정신을 쉽게 발견할 수 있었습니다. 그들에게 부동산 투기로 일확천금을 노리는 성향은 없었습니다.

박정희 정권의 무분별한 도시개발은 이런 활력 넘치던 나라를, 국민 다수가 주기적으로 부동산 투기 열풍에 휩쓸리며 부동산 불패 신화를 신봉하고 강남 사람을 부러워하는 몹쓸 '탐욕의 땅'으로 바꾸어버렸습니다. 어느 틈엔가 대한민국은 정치인, 건설업자, 유력자, 재벌기업은 물론이고 중소기업, 중산층, 서민층에 이르기까지 모든 국민이 부동산으로 '대박'을 노리는 사회로 변하고 말았습니다. 바야흐로 대한민국에서 부동산은 소득과 부의 양극화, 주기적 불황, 지역 격차의 주요 원인으로 자리 잡았습니다. 해방 후 77년이 지나는 사이에 농지개혁으로 실현했던 평등지권 사회는 후퇴하고, 부동산공화국이 그 자리를 차지한 것입니다.

박정희 전 대통령은 한국에서 고도성장을 가능케 했다는 이유로 발전국가론 지지자들과 뉴라이트 학자들 그리고 보수 성향의 국민에게서 온갖 칭송을 다 받는 인물입니다. 하지만 토지(부동산)와 관련한 그의 행적을 면밀히 살피면 비판받아야 마땅하다는 것이 드러납니다. 그는 한

국 국민에게 처음으로 투기와 불로소득의 '짜릿함'을 맛
보게 했다는 점에서 잘못이 아주 큽니다. 더 심각한 것은
부동산공화국 형성에 결정적인 계기를 제공함으로써 한
국 사회 내부에 지속적 성장을 어렵게 만드는 장애 요인
을 깊이 심어 놓았다는 점입니다.

헨리 조지는, 자신이 제시한 해결책을 실행할 방법은 복잡하지 않고 매우 간단하다고 말했습니다.

"사회적 병폐를 치유하고 사회적 위험을 피하기 위해 해야 할 일은 정의로운 부의 분배를 방해하는 원인을 제거하는 것이다. 이 일은 오로지 제거하기만 하면 되는 일이다. 정의로운 부의 분배를 실현하기 위해 정교한 계획을 세울 필요가 없다는 말이다. 왜냐하면 정의로운 부의 분배란 분명 자연적인 부의 분배이고, 따라서 불의한 부의 분배는 자연적인 분배가 사람들의 방해를 받아서 생기는 것이기 때문이다."(『사회문제의 경제학』, 117~118쪽)

내용상으로는 자연적인 분배를 회복하기만 하면 되는 간단한 해법이지만, 실행하기는 쉽지 않습니다. 왜 그럴까요? 한 마디로 헨리 조지의 위대한 이상이 제대로 알려지지 않기 때문입니다. 그렇다면 사람들은 왜 이 위대한 이상을 제대로 알지 못할까요? 세상에는 의도적으로 사람들의 눈과 귀를 가리는 막강한 힘이 존재하기 때문입니다. 이에 대해 톨스토이는 벌써 오래전에 정곡을 찌른 진단을 내린 바 있습니다. 제가 보기에 오늘날 대한민국에서도 이 힘은 매우 강하게 작용하고 있습니다.

"헨리 조지가 이 위대한 이상에 대해 철저하고도 근본적인 설명을 한 지 30년이 지났지만, 그것은 아직도 대다수의 사람들에게 전혀 알려지지 않고 있다. 그렇게 될 수밖에 없는 사정이 있었다. 억압받는 다수의 대중을 위해 소수의 지배층을 희생시킴으로써 국민 생활의 전체적 질서를 변혁하고자 했던 헨리 조지의 경제사상은 너무나 설득력이 있고 논박하기 어려운 주장일 뿐만 아니라, 무엇보다도 매우 간단해서 누구라도 쉽게 이해할 수 있고, 또 일단 이해하기만 하면 실행에 옮기지 않을 도리가 없다. 그러므로 거기에 대항하려면 왜곡하거나 무시하는 수밖에 없다. 지난 30년 동안

이 두 가지 방법은 실제로 활용되어 무척 성공적인 성과를 거두었다. 그 결과, 사람들에게 헨리 조지의 저작들을 주의해서 읽고 그에 대해 생각해보라고 권유하기가 어려워졌다. … 사회는 헨리 조지 사상처럼 평화를 위협하는 사상을 다룰 때면 마치 벌이 자기 힘으로 죽일 수 없는 해충을 다루듯이 한다. 벌은 벌집에 끈끈이를 입혀둠으로써, 해충을 죽일 수는 없지만, 그것이 더 침입해서 해를 끼치는 것은 막을 수 있다."(『사회문제의 경제학』, 11~12쪽 – 러시아어 번역판 서문 – 레프 톨스토이)

헨리 조지는 자신의 대안이 쉽사리 받아들여지지 않으리라는 것을 알았습니다. 이 방안으로 타격을 입을 세력은 조지의 이상을 왜곡하거나 무시하는 수준을 넘어서 그것을 주창하는 사람들을 핍박하고 심지어 죽이기까지 할 수 있다는 것도 알았습니다.

"지금까지 내가 밝히려고 노력한 진리는 쉽사리 수용되지 않을 것이다. 수용이 쉬운 진리였다면 벌써 수용되었을 것이다. 수용이 쉬운 진리였다면 은폐되지도 않았을 것이다. 그러나 이 진리에도 지지자는 반드시 있다. 이 진리를 위해 수고하고 고통받고 심지어는 죽기도 할 것이다. 바로 이것이 진리의 힘이다. … 때로는 암운이 드리우는 수도 있다. 인류를 위해 노력하였던 위인의 전기를 읽으면 때때로 서글퍼진다. 소크라테스는 독약으로 사형당했고 그라쿠스Tiberius Sempronius Gracchus, BC 162~133년경는 몽둥이와 돌에 맞아 죽었으며 가장 위대하고 순결한 그분(예수: 인용자)은 십자가에 못 박혀 죽었다. 이들은 전형적인 예에 불과하다. 지금도 러시아의 감옥은 가득 차 있고, 편하고 호사스럽게 생활할 수 있는 남녀가 고결한 애국심으로 인해 쇠사슬에 묶여 험난한 시베리아로 줄지어 이송되고 있다."(『진보와 빈곤』, 556~557쪽)

그렇다면 헨리 조지는 비관적인 전망에 사로잡혀 좌절하고 말았을까요? 아닙니다! 현실에서 부닥칠 어려움을 잘 알면서도 그는 좌절하지 않았습니다. 조지는 이 세상에서 진리와 정의는 되풀이해서 실현되었다가 다시 후퇴했음을 지적하며 진리에 반대하는 세력이 강하다는 사실을 인정합니다. 하지만 그는 동시에 우리가 어렴풋하게밖에 느끼지 못하는 광대한 세계가 존재함을 믿습니다. 그 세계에서 진리와 정의는 완벽하게 실현됩니다. 헨리 조지는 이를 "벽옥 담장과 진주 대문을 가진 곳", "평화의 왕이 다스리는 나라"라고 묘사했지요. 조지는 이 광대한 세계가 우리가 사는 이 세상에 끊임없이 침투하고 있고 궁극적으로는 이 세상을 뒤덮으리라고 예상합니다. 마지막 순간에 이 세상이 저 광대한 세계로 바뀌어 진리와 정의가 완벽하게 실현된다면, 비록 우리가 지금 여기서 아무리 큰 어려움을 겪더라도, 또 아무리 많이 실패하더라도 희망을 품을 수 있겠지요. 헨리 조지가 『진보와 빈곤』 끝부분에서 "시인도 희망을 노래했고, 예언자도 희망을 전했으며, 인간의 심장 깊은 곳에서는 희망의 진리에 감응하며 맥박이 뛴다"라며 희망의 메시지를 남길 수 있었던 것은 바로 그 때문입니다.

현재 대한민국은 부동산공화국입니다. 부동산 때문에 불평등과 양극화가 심해졌고, 부동산 때문에 많은 중소기업과 자영업자들이 망합니다. 부동산 때문에 등 붙일 공간을 마련하지 못한 서민들의 애환은 깊어가고, 부동산 때문에 청년들은 결혼과 출산을 기피하고 있습니다. 부동산 때문에 경제 성장률은 떨어지고, 부동산 때문에 일자리 창출도 어렵습니다. 모든 경제문제의 뿌리에 부동산이 자리한다고 해도 과언이 아닙니다. 그러니 어떻게 부동산공화국을 혁파하자는 말을 하지 않을 수 있겠습니까? 부동산공화국이 지속해서는 대한민국에 미래는 없습니다.

헨리 조지의 정책 대안을 대한민국에 적용하면 어렵지 않게 부동산공화국을 해체할 수 있습니다. 한국의 조지스트 학자들은 오랫동안의 연구를 통해 한국의 현실에 적합한 정책 묶음을 개발했습니다. 이를 제도로 만들어 시행하기만 하면 되는데 그 일이 쉽지 않습니다. 이유는 간단합니다. 대한민국에도 헨리 조지의 대안을 극구 반대하는 세력이 존재하기 때문입니다. 이들은 부동산공화국을 유지하기 위해서라면 어떤 일도 마다하지 않는 사람들입니다. 이들을 토지독점 세력이라고 부릅시다. 그들은 막강한 재력을 배경으로 정치권, 언론계, 경제계, 학계 등 대한민국 곳곳에 두루 영향을 끼치고 있습니다. 반면에 부동산공화국을 혁파해 진리와 정의를 실현하려는 사람들은 소수일 뿐 아니라 힘도 미약합니다. 시민단체 일부와 소수의 지식인이 전부라고 해도 지나친 말이 아니지요. 그러니 무슨 싸움이 되겠습니까?

하지만 역사를 살펴보면, 수가 적고 힘이 미약한 사람들이 탐욕스러운 강자들을 물리치고 정의를 실현했던 경우가 있습니다. 고려 말기 귀족들에 대항해 토지개혁을 이뤄낸 개혁파 사대부들이 그랬고, 해방 후 지주층의 저항을 물리치고 농지개혁을 성공시킨 조봉암 선생과 개혁파 국회의원들이 그랬습니다. 2000년대 초반 토지독점 세력의 극심한 반대를 무릅쓰고 종합부동산세를 도입한 노무현 대통령과 그의 참모들도 마찬가지였고요. 정치인 노무현은 주류에 속한 인물이 아니었고, 그의 참모들도 변방에서 활동하던 사람들이었습니다. 수가 적고 힘이 약한 사람들이 어떻게 강자를 이기고 진리와 정의를 실현했을까요? 진리를 향한 사랑과 애국심과 이타심으로 무장했기 때문입니다. 국민의 다수가 그들의 진정성을 깨닫는 순간 싸움은 그들에게 유리하게 바뀝니다. 그것이 바로 헨리 조지가 말한 '진리의 힘'입니다.

2018년 4월 저는 미국 뉴욕시 브루클린에 있는 그린우드 공원묘지를 방문해 헨리 조지의 묘소에 참배했습니다. 다음의 사진 두 장은 그때 찍은 것입니다. 헨리 조지 흉상 뒤에는 큰 비석이 세워져 있는데 그 뒷면에 앞서 인용한 "지금까지 내가 밝히려고 노력한 …… 이것이 진리의 힘이다"라는 구절이 새겨져 있습니다. 헨리 조지의 유족들은 그가 쓴 수많은 구절 가운데 바로 이 구절이 그의 성품과 태도를 가장 잘 보여준다고 판단해 비석 뒤에 새겨넣

뉴욕시 그린우드 공원묘지 내 헨리 조지 묘소

THE TRUTH THAT I HAVE TRIED TO MAKE
CLEAR WILL NOT FIND EASY ACCEPTANCE.
IF THAT COULD BE, IT WOULD HAVE BEEN
ACCEPTED LONG AGO. IF THAT COULD BE,
IT WOULD NEVER HAVE BEEN OBSCURED.
BUT IT WILL FIND FRIENDS. THOSE WHO
WILL TOIL FOR IT, SUFFER FOR IT, IF
NEED BE, DIE FOR IT. THIS IS THE POWER
OF TRUTH.
HENRY GEORGE PROGRESS AND POVERTY

헨리 조지 묘소 비석 뒷면 글귀

었을 것입니다. 조지는 진정으로 진리의 힘을 믿었던 사람이었습니다.

설사 진리와 정의를 위해 싸우다가 성공의 순간을 보지 못한들 어떻습니까? 헨리 조지는 『사회문제의 경제학』에서 비슷한 말을 남기며 진리와 정의를 위해 싸우는 사람들을 격려했습니다.

"살면서 선택할 수 있는 일 가운데, 아무리 사소할지라도 사회상태를 개선하고 다른 사람들의 삶을 좀 더 완전하고 고상하게 발전시키기 위해 노력하는 것과 비교할 만한 일이 어디에 있겠는가? … 세상을 떠날 때가 다가오면, 맛있는 음식을 먹고 살았는가, 부드러운 옷을 입고 살았는가, 많은 유산을 남기는가, 사후에 명예를 누릴 것인가, 지식인 취급을 받을 것인가 하는 것들은 부여받은 재능을 하느님의 사역을 위해 얼마나 잘 활용했는가에 비하면, 아무런 문제가 되지 않을 것이다. 눈이 흐려지고 귀도 잘 안 들릴 때 어둠 속에서 내미는 손이 보이고 정적 속에서 다음과 같은 음성이 들린다면, 무엇이 문제가 되겠는가? '잘하였도다. 착하고 충성된 종아. 네가 적은 일에 충성하였으매 내가 많은 것을 네게 맡기리니 네 주인의 즐거움에 참여할지어다'[마태복음 25장

21절]"(『사회문제의 경제학』, 125~126쪽)

　저도 똑같은 마음으로 독자 여러분, 특히 청소년 여러분을 격려하고 싶습니다. 인생의 목표를 건물주 따위에 두지 맙시다. 어떤 세상이 되어야 여러분 자신과 가족과 이웃이 다 같이 편안하고 행복하게 살아갈 수 있는지 탐구합시다. 그 세상을 실현하기 위해 있는 힘을 다합시다. 그러면 여러분에게도 '잘하였도다. 착하고 충성된 종아. 네가 적은 일에 충성하였으매 내가 많은 것을 네게 맡기리니 네 주인의 즐거움에 참여할지어다'라고 하는 음성이 들릴 것입니다.

참고문헌

- 김용섭, 1988, 「근대화 과정에서의 농업개혁의 두 방향」, 조용범 외, 『한국 자본주의 성격 논쟁』, 대왕사.
- 마츠모토 타케노리, 2016, 「일본 덕분에 조선이 풍요로워졌다?」, 이타가키 류타, 김부자 엮음, 배영미, 고영진 옮김, 『Q&A '위안부' 문제와 식민지 지배 책임』, 삶창.
- 손정목, 2003, 『서울 도시계획 이야기 3』, 한울.
- 이민우, 2015, 「여말선초 사전 혁파와 토지제도 개혁구상」, 서울대학교 대학원 박사학위 논문.
- 이영훈, 2016, 『한국경제사 Ⅰ』, 일조각.
- _____, 2016, 『한국경제사 Ⅱ』, 일조각.
- 이정우, 2015, 「한국은 왜 살기 어려운 나라인가?」, 이정우 외, 『불평등 한국, 복지국가를 꿈꾸다』, 후마니타스.
- _____, 2021, 『왜 우리는 불평등한가』, EBS Books.
- 이정전, 2015, 『토지경제학』, 박영사.
- 이진수, 2021, 「OECD 주요국의 부동산 가격 및 보유세 추이」, 『토지+자유리포트』 19, 토지+자유연구소.
- 장시원·이영훈, 2002, 『한국경제사』, 한국방송통신대학교 출판부.
- 장 자크 루소 지음, 이재형 옮김, 2020, 『인간 불평등 기원론』, 문예출판사.
- 전강수, 2012, 『토지의 경제학』, 돌베개.
- _____, 2019, 『부동산공화국 경제사』, 여문책.
- _____, 2020, 「한국의 토지소유 이데올로기는 어떻게 변천해 왔을까?」, 김동춘 외, 『한국의 민주주의 100년, 가치와 문화』, 한울아카데미.
- _____, 2022, 「불평등 시대 부동산 정책의 방향」, 서울사회경제연구소, 『불평등 시대의 부동산 정책』, 한울아카데미.
- 전강수·한동근, 2002, 『토지를 중심으로 본 경제학 이야기』, CUP.
- 프레더릭 버런더 지음, 이풍 옮김, 1996, 『내 이웃의 지계표: 하나님의 토지법』, CUP.
- 헨리 조지 지음, 김윤상 옮김, 2012, 『노동 빈곤과 토지 정의』, 경북대학교 출판부.
- 헨리 조지 지음, 전강수 옮김, 2013, 『사회문제의 경제학』, 돌베개.
- 헨리 조지 지음, 김윤상 옮김, 2016, 『진보와 빈곤』, 비봉출판사.

- 허수열, 2016, 『개발 없는 개발』, 은행나무.
- 『經濟治安日報綴(1942)』
- Edward J. Rose, 1968, Henry George, New York: Twayne Publishers.
- Fred Foldvary, The Depression of 2008, 2nd ed., Berkeley: Gutenberg Press, 2007.
- Thomas Paine, 1817, Agrarian Justice, London: W. T. Sherwin.

표와 그림의 출처

- 〈표 1〉 전강수, 2012, 『토지의 경제학』, 81쪽(원자료: Fred Foldvary, The Depression of 2008, 2nd ed., Berkeley: Gutenberg Press, 2007).
- 〈표 2〉 전강수, 2022, 「불평등 시대 부동산 정책의 방향」, 56쪽.
- 〈그림 1〉 전강수, 2022, 「불평등 시대 부동산 정책의 방향」, 54쪽(원자료: 이진수, 2021, 「OECD 주요국의 부동산 가격 및 보유세 추이」, 『토지+자유리포트』19, 토지·자유연구소).
- 〈그림 2〉 전강수, 2022, 「불평등 시대 부동산 정책의 방향」, 54쪽 표 3-1로 작성.

발표 글 활용 내역

- 4장 1절: 『토지의 경제학』, 2부 3장 앞부분
- 5장: 『토지를 중심으로 본 경제학 이야기』, 4장
- 12장: 「한국의 토지소유 이데올로기는 어떻게 변천해 왔을까?」, 2~4절
- 13장: 『부동산공화국 경제사』, 3장의 일부